Muslim-Christian Encounter

예영커뮤니케이션

Muslim-Christian Encounter Vol.7, No.2

엮은이: 한국이슬람연구소
펴낸이: 원성삼
펴낸곳: 예영커뮤니케이션

초판 1쇄 발행: 2014년 12월 30일

출판신고 1992년 3월 1일 제2-1349호
136-825 서울시 성북구 성북로6가길 31
Tel (02)766-8931 Fax (02)766-8934

ISBN 978-89-8350-907-9(94230)
978-89-8350-894-2(세트)

정가 9,000원

www.jeyoung.com

이 도서의 국립중앙도서관 출판예정도서목록(CIP)은 서지정보유통지원시스템 홈페이지(http://seoji.nl.go.kr)와 국가자료공동목록시스템(http://www.nl.go.kr/kolisnet)에서 이용하실 수 있습니다.(CIP제어번호: CIP2014037834)

모든 인간은 하나님의 형상을 닮은 존엄한 존재입니다. 전 세계의 모든 사람들은 인종, 민족, 피부색, 문화, 언어에 관계없이 존귀합니다. 예영커뮤니케이션은 이러한 정신에 근거해 모든 인간이 존귀한 삶을 사는 데 필요한 지식과 문화를 예수 그리스도의 사랑으로 보급함으로써 우리가 속한 사회에 기여하고자 합니다.

Muslim-Christian Encounter

E-mail : ttcis@ttgu.ac.kr

Homepage : http://ttcis.ttgst.ac.kr

Tel. : 02) 570-7563

contents

Torch Trinity Center for Islamic Studies Journal

Volume 7, Number 2, December 2014

●권두언 / 김아영

●논문

김 삼 / 포스트모더니즘 시대에 사는 현대 아랍 무슬림 여성의 정체성: 요르단 사례 연구

김성운 / 격변하는 현대 이슬람 세계에서 터키 이슬람이 가지는 역할

한 권식 / 한국 거주 무슬림의 기독교로의 회심 연구 : 인도네시아, 이란 무슬림의 사례

황디모데 / 중동 이슬람 세계의 최근 변화와 기독교 선교

Ji-Hyang Jang & Peter Lee / The Transformation of Contemporary Political Islam: From AKP to ISIS

●서평

권지윤 / Islam: Past, Present & Future

●아랍어 강좌 안내

●원고작성법

●윤리규정

권두언

우리에게 익숙한 것과 다른 세계관, 종교, 문화 등을 이해하고, 그것에 관해 설명하려고 할 때 깊이 생각해야 할 중요한 관점이 하나 있다. 그것은 바로 그들의 신발을 신고, 그들이 믿고 행하는 바를 정확히 이해하고 받아들이는 것이다. 이러한 관점이 상대주의를 지향하는 것은 결코 아니다. 오히려 이것은 타인 또는 그들의 문화, 종교에 대한 객관적인 사실을 왜곡할 수 있거나 성급히 일반화하는 오류로부터 우리를 자유롭게 할 것이다. 더욱이 그러한 세계관이 오랜 세월 동안 양쪽의 과실과 오류로 인해 심각히 서로를 오해하고 왜곡해 온 경우에는 더욱 그러하다. 이슬람과 기독교가 그 대표적인 예이다.

그리스도인으로서 이슬람을 이해하려고 할 때에 그들의 신을 신고, 혹은 내부자적 관점에서 이해하려고 시도한다고 해서 서로의 차이를 대충 얼버무리고 뒤섞어버리는 식의 무책임한 혼합주의를 지향하는 것은 결코 아니다. 이슬람을 바로 알고 이해하려는 그리스도인들의 노력은 분명한 자기의식, 객관적이고 공정한 자세, 서로를 잇는 것과 가르는 것에 대한 정확한 이해를 바탕으로 하여야 하기 때문이다.

지난 이십여 년 동안 한국 이슬람 연구소는 그리스도인으로서 복음을 들고 무슬림들에게 다가가기 위한 바른 신학과 방법론을 모색하기 위해 이러한 관점을 가지고 가히 "몸부림"에 가까운 노력을 기울여왔다.

이번에 발간되는 *Muslim-Christian Encounter*의 2014년 겨울호도 격변하는 현대 이슬람 세계를 이해하기 위해 다양한 무슬림 공동체가 가지는 역할과 관련된 다섯 편의 논문을 수록하고 있다. 오랫동안 비무슬림과 무슬림 간의 논쟁적인 이슈가 되어온 이슬람 여성의 현대적 위상문제에 대한 논문과 전통과 현대가 공존하고 있는 터키의 이슬람에 대한 논문, AKP(터키의 정의개발당)로부터 ISIS(이슬람국가)에 이르기까지의 정치적 이슬람의 역할과 미래에 대한 과제를 다루는 논문을 비롯하여, 세대를 거듭하며, 다양한 패러다임의 전환을 보여 주고 있는 이슬람 세계에 대하여 기독교 선교가 어떻게 접근할 것인가 하는 주제에 관한 논문 등을 통하여 독자들은 현대 이슬람 선교를 둘러싼 다양한 환경들과 방법론 등을 이해하게 될 것이다.

이와 같은 한국이슬람연구소의 노력은 앞으로도 계속되어 갈수록 도전적인 과제로 다가오는 이슬람 선교를 위해 준비하는 분들과 기독교-이슬람 관계 문제에 관심을 가지고 연구하는 분들에게 의미있고 유익한 자료들을 제공하고자 끊임없는 노력을 기울일 것이다.

지속적인 신뢰로 이슬람 선교 관련 문서사역에 동역해 오신 예영커뮤니케이션 원성삼 대표와 편집과 교정에 애써 준 권지윤 박사, 소중한 연구물들을 보내 주신 저자들께 권두언을 빌어 감사의 인사를 드린다.

2014년 12월

한국이슬람연구소 소장 김아영

포스트모더니즘 시대에 사는 현대 아랍 무슬림 여성의 정체성: 요르단 사례 연구

김 삼*

Ⅰ. 서론

Ⅱ. 요르단 여성 정체성에 관한 인터뷰

Ⅲ. 유동적이며 복합적인 여성상의 원인

Ⅳ. 맺음말

* 이슬람 종교문화 연구가: J지역을 중심으로
본 고는 저자의 Ph. D. 논문 "Identity Crisis of Jordanian BMB (Believers of Muslim Background) women in Jordan at the beginning stage of new faith," Ph. D. diss., (Asbury Theological Seminary, 2013)의 일부를 근거하여 쓰여진 것이다.

ABSTRACT

Sam Kim

Today's Arab society has a wide spectrum from conservative and traditional ideology to globalism and postmodernism. Life of Muslim women is also influenced by this recent trend. Jordan is a traditional Islamic country, and Jordanian women form their identities upon Islamic values under gender-oriented social and religious influences. However, after experiencing social changes, openness of educational opportunities, and anticipation of labor, Jordanian intelligent young women begin to think the life of women differently from past. Through interviews with 45 Muslim women in Jordan, this paper shows what kind of identities todays Muslim women have and finds reasons of why diverse and multiple identities of women exist in Jordan.

Key words

Identity of Muslim women, Jordan, postmodernism

Ⅰ. 서론

사회적 사상가인 지그문트 바우만(Zygmunt Bauman)은 그의 저서 『리퀴드 시대』(*Liquid Times*)에서 포스트모더니즘 시대의 개인과 사회의 정체성은 고체와 같은 규격화된 특성의 근대화로부터 마치 액체와도 같은 유동적인 형태와 같이 어떠한 특정한 형식—개인의 선택이나 삶의 양식—이나 틀로 단정짓기 어려운 개념이 된다고 말하였다. 글로벌화되는 정치적인 환경에서 한 지역의 공권력이나 권력이 개인의 삶을 더 이상 강력하게 구속할 수 없게 되며, 개인의 필요에 따라 연결되는 네트워크 형식의 조직이 그 어떤 특정한 사회적 구조나 조직보다 더 일반적인 형태라고 주장하였다.[1] 그러므로 한 개인의 삶의 형태에 있어서도 장기적인 계획이나 생각을 통한 의사 결정보다는 주어지는 상황 속에서 그때 그때의 환경에 적응하려 하며, 성가시고 까다로운 문제를 책임지거나 헌신하기보다는 유동적이고 지속적으로 변화를 꾀하면서 개인의 선호도에 따르는 삶을 추구하는 현상이 일반화된다는 것이다.[2]

과연 이러한 포스트모더니즘 시대의 유동적 특성을 아랍사회에서도 찾아볼 수 있는가? 일반적으로 보수적이고 집단주의적인 성격의 이슬람 사회를 생각할 때 포스트모더니즘의 일반적인 현상들은 정반대적인 것으로 느껴지고 서구 사회의 현시적 상황만을 설명하는 용어로 들린다. 그러나 비록 전체 다수의 반응처럼 보이지는 않을지라도 사실상 아랍 사회의 변화를 주의 깊게 관찰해 볼 때 포스트모더니즘 현상은 이미 이슬람 사회 속에 영향을 끼치기 시작하고 있다. 아랍 여성들에게도 동일하게 이러한 영향력의 여파가 미치는데 지역과 문화의 다양성을 고려할 때 무슬림 여성들의 사고방식을 하나의 획일화된 형식으로 확정짓기는 어렵다. 그러나 바우만의 정의에 따라서 현재의 아랍 여성들에 대한 이미지와 자기정체성 이해를 표현한다면 고형체로부터 액체까지의 다양한 형태를 포함하는 중간 단계의 점액질 상태

1 Zygmunt Bauman, *Liquid Times: Living in an Age of Uncertainty* (Malden, MA: Polity, 2007), 1-2.

2 Bauman, *Liquid Times*, 3-4.

로서 그려 볼 수 있겠다. 자기 자신이 속한 보수적인 문화적 종교적 형태 안에서 자신의 정체성을 이해하면서도 동시에 세대에 따라 그 어느 때보다 유동적이고 전이적인 단계를 취하고 있는 것이다. 물론 이러한 현상이 가장 두드러지게 드러나고 있는 세대 층은 중장년층보다는 젊은층에서 더 뚜렷하게 볼 수 있다. 이 글은 다양한 세대의 요르단 무슬림 여성들과의 인터뷰를 통하여 오늘날 무슬림 여성들이 이해하는 여성의 정체성을 알아보고, 사회적 문화적 상황 가운데 그러한 정체성들을 갖게 된 원인들을 살펴보고자 한다.

II. 요르단 여성 정체성에 관한 인터뷰

1. 요르단 여성의 분류

거주지와 사회적 신분, 출생지, 종교 등을 통합적으로 고려할 때 요르단 여성들은 크게 세 가지 범주로 나누어진다. 베두윈 부족, 시골에 거주하는 여성 그리고 도시 거주지 여성들이다.[3] 베두윈 여성들은 전체 인구에 비례하여 큰 수를 차지하지는 않으나 베두윈 문화를 아랍 문화의 전통적 계보로 삼는 요르단 사회에서 중요한 위치에 있다. 베두윈 여성들에게 자신의 정숙함과 가족의 일원으로 자신의 순결함을 지키는 것은 베두윈 문화의 상징과도 같으며 베두윈 여성들의 사회적 신분은 그들이 어느 부족 출신인지 또한 결혼 후 아들을 낳아 대를 이었는가에 달려 있다.[4] 여성들은 부족의 대를 이어 줌은 물론 양을 돌보고 가사에 관한 전반적인 일을 모두 감당하고 있다. 시

3 Suhayr Salti al-Tall, "Muqaddimah Hawla Qadiyat al-Marahwa-al-Harakah al-Nisaiyah fi al-Urdun," *Introduction of village Women and Womens Movement in Jordan* (Beirut, Lebanon: Al-Muassah al-Arabiyah lil-Dirasatwa-al-Nashr, 1985).

4 Laurie A. Brand, "Women and the State in Jordan," in *Islam, Gender, and Social Change*, ed. Yvonne Yazbeck Haddad (New York, NY: Oxford University Press, 1998), 104.

골에 거주하는 일반 요르단 여성들도 베두윈 여성들과 유사한 입장에 있는데, 일반적으로 넉넉지 못한 시골 가정의 경제에 있어서 중요한 노동 생산력으로 여겨진다.[5] 그들은 대부분 직장을 다니기보다는 농사나 양을 돌보고 또 가사 일을 하는 형편이다. 시골은 도시에 비하여 보수적인 가치관과 전통을 훨씬 중요시하기에 여성들은 정숙해야 하고 결혼하여 집안에 아들을 낳아 후손을 이어 주는 것으로 그 가치가 결정된다.[6] 그러나 동시에 오늘날 많은 시골 지역들도 도시화와 현대화의 영향으로 많은 수의 여성들이 최소한의 초등 교육부터 고등 교육까지 받으며, 직장을 다니는 여성의 수도 늘어나고 있는 추세이다. 한편 도시에 사는 여성들은 시골 지역거주여성들이나 베두윈 여성들보다 교육, 보건, 사회, 문화 생활에 걸쳐 삶의 전반적인 면에서 상대적으로 보다 쉽고 다양하게 혜택을 받는 편이다. 고등 교육의 정도도 높은 편이고 일하는 직장 여성들도 많은 편이다.[7] 압달라 국왕의 부인인 라니아(Rania)를 선두로 여성 지식층 사이에서는 여성의 권리 신장을 위하여 지속적인 투쟁을 하고 있으며,[8] 여성을 위한 요르단국가위임회(JNCW, 바스마[Basma] 공주가 대표로 있음)등 여성의 사회적 정치적 참여가 늘어나고 있다.[9] 변호사이자 인권 활동가인 아스마 카데르(Asma Khader)는 세계 여성 자선단체 요르단 대표(SIGI/J)와 JNCW의 비서를 맡으며 활발히 활동하는 대표적 인물들 중의 하나이다.[10]

5 Brand, "Women and the State in Jordan," 104.

6 al-Tall, "Muqaddimah Hawla Qadiyat al-Marahwa-al-Harakah al-Nisaiyah fi al-Urdun," 40.

7 Brand, "Women and the State in Jordan," 104.

8 "Worlds Most Powerful Women," http://www.queenrania.jo/media/news/worlds-most-powerful-women (accessed May 21, 2013).

9 Dana Al Emam, "Jordanian Women Remain Underrepresented in Politics," (Mar. 26, 2013),http://jordantimes.com/jordanian-women-remain-underrepresented-in-politics (accessed May 21, 2013).

10 "Asma Khader," http://ictj.org/about/asma-khader (accessed May 21, 2013).

2. 인터뷰

요르단 내의 세 도시(암만, 이르비드, 마프락)에 사는 다양한 배경과 연령대의 45명 무슬림 여성들에게 일반적인 여성상에 대한 질문들을 하였다. 인터뷰 대상자들의 연령별 분포는 30세 이하 여성이 32명이며 30대 이상은 13명이었다.[11] 거주지 별로는 13명은 시골에 거주하며, 4명은 베두윈 유목민 출신이고, 28명은 도시에 사는 여성들이었다. 인터뷰는 총 다섯 가지 질문으로 무슬림 여성의 일반적인 삶의 모습, 무슬림 여성들의 중요한 덕목, 이상적인 여성상, 다른 종교의 여성들에 대한 의견 그리고 여성의 명예와 수치에 대한 것이었다.

1) 무슬림 여성의 일반적인 삶

대부분 좋은 아내와 어머니로 사는 삶이 여성의 일반적인 삶이라는 대답이 압도적으로 많았다. 여성의 삶은 요리, 집안청소, 자녀 양육 그리고 집안의 남편 및 남성 권위자(아버지, 오빠 등)에게 순종하며 사는 것이라는 의견이었다. 이러한 대답들은 이상적인 무슬림 여성상에 대하여 질문했을 때도 동일하게 반복되었다. 20대 도시 여성거주자이며 대학 학력의 여학생들 8명을 제외한 37명은 훌륭한 아내와 어머니로 사는 것이 일반적인 여성의 삶이라고 대답하였다. 나머지 8명은 변화되는 요르단 사회를 인식하며, 여성들에게 보다 더 자유롭고 다양한 삶의 선택의 기회가 주어지고 있다는 의견을 피력했다. 시골에 사는 여성인 경우, 일부 직장 여성들은 일하는 여성의 삶도 언급하였으나, 대부분은 가족들을 돌보며 훌륭한 아내와 어머니로 사는 것이 가장 우선적이고 중요하다고 대답하였다. 도시에 사는 여성들 역시도 시골에 사는 여성들보다는 좀 더 활동적인 여성의 삶을 언급하기도 하였지

11 일반적으로 아랍인들은 여성의 세대를 분류함에 있어 15년을 한 세대로 여긴다. 과거와 현재까지도 일부 특히 시골 지역과 교육을 많이 받지 못한 아랍 여성들은 청소년 시기에 결혼을 한다. 그러므로 많은 아랍 여성들이 30대 후반이나 40대 초반 흔히 할머니들이 된다.

만 그럼에도 아내와 어머니로서의 삶을 가장 우선시하였다.

2) 무슬림 여성의 덕목

이 질문에 대해 인터뷰 대상자들의 답변은 일반적으로 두 가지 범주로 나누어진다. 그 하나는 좋은 아내와 엄마여야 한다는 것과 도덕성을 강조하며 다른 사람들에게 어떻게 행실이 비쳐지는 가에 관한 것이다. 특별히 젊은 세대는 교육의 중요성을 강조하기도 하였다. 15명은 훌륭한 아내와 어머니 혹은 가족에게 의무를 다하는 여성상을 명시하였다. 30명은 다른 사람에게 비난 받지 않는 아름다움, 정숙, 예의, 인내 등 도덕성을 강조하는 대답을 하였다.

3) 이상적 무슬림 여성상

대부분의 응답자들이 종교적인 의무(다섯 가지 신앙 기둥: 신앙고백, 기도, 금식, 순례, 구제)를 행하는 것을 가장 이상적인 무슬림 여성상으로 대답하였다. 일반적으로 나이가 많은 여성들인 경우 젊은 여성들에 비하여 종교적인 의무를 강조하는 경향을 보였다. 그러나 대부분의 젊은 세대들은 종교적인 의무들을 강조하기보다는 오히려 바른 복장, 히잡을 쓰는 것과 같은 외양적으로 보이는 것들에 관심을 보였다. 그중 도시에서 사는 젊은 여성들이나 일하는 여성들은 명목상의 무슬림과 같은 자유로운 대답을 한 경우도 있었다. 예를 들어 히잡을 착용하거나 종교적 관습들을 지키는 것은 개인의 선택에 달려있는 것이 대답이었다. 또한 일부 여대생들은 이상적인 무슬림 여성과 일반적인 무슬림 여성을 구분하였다. 비록 히잡과 아바야(긴 이슬람 여성 치마복장)를 동일하게 입고 있었기에 외양상 차이가 없어 보였지만, 그들에 따르면 종교적으로 훨씬 더 헌신 된 여성들이야말로 이상적인 무슬림 여성상이지만 자신들은 그렇게 살지 않는다고 대답하였다.

4) 기독교나 다른 종교의 여성에 대한 이미지

이슬람 교리에 따르면 무슬림들은 다른 종교에 대하여 관용적인 태도를 취하게 되어 있다(꾸란 2:256; 10:99-100). 그러므로 대부분의 인터뷰 대상자들의 대답은 그리스도인들이나 다른 종교인들을 존경한다는 것이나 혹은 관용하고 포용한다는 것이었다. 여성들의 삶의 형태에 관한 차이를 물었을 때 일부 대답은 기독교 여성들이나 무슬림 여성들의 삶의 차이는 종교보다는 각각의 전통과 관습의 차이라고 대답하였다. 동시에 기독교 여성들의 옷차림이나 자유로운 방식의 삶의 형태에 대한 부정적인 견해도 있었다.

5) 여성의 명예와 수치

종교적이고 문화적인 관습에 따라야 한다는 대답이 총 29명에서 반복되었다. 아랍의 관습상 낯선 남자와 말하거나 함께 걷는다든지 남편 외에 다른 남자들과 관계를 갖는 것, 혹은 짧은 옷이나 머리카락을 타인에게 보이는 것은 여성에게는 명예롭지 못하고 수치스러운 일로 여겨진다. 무슬림 여성들 사이에서의 명예와 수치에 대한 개념은 종교적 가르침과 관습에 따라 아주 보수적인 것에서부터 명목상의 무슬림의 대답과 같은 다양한 형태를 보였다. 아엡('Ayeb)은 사회에서 용납하기 어려운 것을 나타내는 문화적인 용어로, 하람(haram)은 알라가 금하는 행위들을 지칭하는 종교적인 언어를 나타내는데, 이 두 가지 용어가 혼합되어 수치라는 개념을 설명할 때 사용되었다. 시골에 사는 여성들에게 여성의 정숙함은 절대적인 가치로서 명예로운 것과 수치스러운 행위의 기준이 되었다. 그러나 젊은 세대의 여성들은 명예와 수치의 개념을 자신이 속한 사회가 요구하는 일정 기준으로 보며, 왜 그러한 관습과 기준을 지켜야 하는지에 대한 사회 구성원으로서 이해하는 시각이 있었다.

3. 인터뷰 분석

1) 확정된 여성상

대부분 무슬림 여성들은 그들이 누구인가보다는 어떠한 여성이 되어야만 하는가에 대한 명확한 이해를 보였다. 모든 인터뷰 대상자들의 대답은 일반적으로 반복되는 경우가 많았다. 특히 일반적이고 이상적인 여성의 삶이란 대부분의 대답이 훌륭한 아내와 어머니로서 살아가는 것이라는 의견이 반복되었다. 미혼인 경우에도 좋은 딸로 지내다가 훌륭한 어머니와 딸이 되어야 한다는 것이었다.

가족은 무슬림 여성들이 자신의 정체성과 이상적인 여성상을 세워 나가는 가장 근본적인 토대이다. 강한 집단적 개념으로서의 정체성과 가족과의 화목과 순종 등은 여성에게 매우 중요한 덕목이며, 여성에 대한 가치는 보다 외양적인 행실과 가족의 명예를 지키는 것과 깊은 관련이 있었다.

2) 전통적인 여성상

대부분 사는 지역의 관습과 의견에 많은 여성들이 영향을 받았다. 교육의 정도에 따라 여성들이 이미 갖고 있는 전통적인 여성상에 대한 도전을 받았지만, 자신들이 살고 있는 지역의 정서와 사람들이 생각하는 것에 대한 인식이 이상적인 여성상을 세워나감에 있어서 개인의 교육 정도나 신념보다 훨씬 더 영향력이 있었다. 그러므로 같은 요르단 내에서도 시골지역에 사는 사람들은 대부분 여성들의 삶에 대하여 훌륭한 아내와 어머니로서 사는 것은 여성의 삶에 있어서 가장 근본이며 이상적이다라는 유사한 대답을 하였고 그들 중 많은 수는 여성의 다른 역할은 아예 언급하지도 않았다. 일하는 여성의 모습에 대하여 물어봤을 때도 그들의 대부분은 그것은 중요한 것이 아니라고 대답하였다. 그러나 도시에 사는 여성들은 전통적인 여성상을 지향한다 할지라도 다양한 여성상의 가능성을 언급하였다.

3) 경계선(한계)상에서 새롭게 인식되는 여성상

젊은 세대의 여성들과 인터뷰 중 가장 많이 반복적으로 들을 수 있었던 말은 한계 혹은 경계선(huduud, boundary)이라는 단어였다. 그들은 이슬람 사회와 종교가 요구하는 일종의 넘어서는 안될 경계선과 한계가 있음을 인식했다. 그들이 살고 있는 사회적 현실에 대한 인식이었다. 남성지배적인 사회로서 요르단 사회를 평가하며 일부 여성들의 경우 스스로 삶을 결정할 수 있는 권리가 없다는 것도 지적하였다.

그러면서도 사회적 관습에 대한 의구심 없이 무조건 따르는 것에 대해서는 반감을 드러냈는데 젊고 교육을 받은 여성일수록 자기 자신이 누구인지에 대한 이해가 분명했고 그들의 삶에서 무엇을 얻기 원하는지의 이해도 분명하였다. 그들이 사는 사회의 여성을 향한 보수적인 전통과 관습의 벽을 잘 이해하기에 전통과 그들이 원하는 삶을 얻어내기 위하여 어떻게 행동해야 하는지도 잘 알고 있었다. 그들의 어머니 혹은 할머니 세대와는 다르게 자신들을 독립체로서 보기 시작하고 있었다. 그들이 관습을 잘 지키고 좋은 행실을 보이는 것에 대한 보상은 자신들이 원하는 것이나 갖고 싶은 것을 얻을 수 있는 자유라는 것을 알고 있었다. 특별히 여성들에게 교육은 그들에게 힘과 능력을 부여하는 중요한 도구로 인식되고 있었고, 많은 젊은 여성들은 대학교를 졸업하고 전문적인 자격증 등을 취득하기를 원하였다. 한 여성은 교육과자격증이야 말로 여성들로 남성 중심의 아랍 사회에서 생존을 가능케 하는 무기와도 같다고 대답하였다.

4) 관습에 얽매이기보다는 내면적이고 실제적인 여성상의 추구

도시에 사는 여성들과 젊은 여성들은 무엇이 이상적인 여성의 삶인지 또한 여자들에게 적용된 명예와 수치에 대한 정의에 대해서도 새롭게 생각하기 시작하였다. 천편일률적으로 일반적인 관습을 지켜야 하는 것이라는 대답과 달리 자신의 말을 지키고 거짓말을 하지 않는 것이 명예를 지키는 것이라고 대답한 여성도 있었다. 낯선 남자와 말해서는 안 된다는 식의 과거의 외면적인 행동과 행실에 입각하여 명예로운 것과 수치스러운 일을 규정하는 것과는 달리 보다 내면적인 측면에서 그 기준을 찾으려 하는 것도 젊은 세대에서 볼 수 있는 차이였다.

Ⅲ. 유동적이며 복합적인 여성상의 원인

요르단 사회는 강한 종교적 보수주의와 세속적인 자유 근대화주의의 영향권아래 복잡하게 얽혀져 있기에 무슬림 여성들의 삶은 매우 다양한 도전들에 직면하고 있다. 특별히 여성에 대한 사회와 국민의 일반 인식은 가부장적인 혈통 체계에 의존한 부족적 전통과 보수적인 이슬람 종교를 토대로 형성되어 있으며, 이러한 기존의 보수적이고 전통적인 여성상에 도전하는 서구적이고 현대적이며 더 나아가 세계화에 영향을 받은 새로운 여성상이 만들어져 가고 있는 추세이다.

1. 전통적이고 보수적인 여성상의 원인

1) 아랍 문화와 꾸란의 가르침

실만 카왈데(Silman Khawalde)와 단 라비노위쯔(Dan Rabinowitz)는 전통적인 계급적 사회 구조는 혈연을 강조하는 경향을 가진다고 주장한다.[12] 부족간의 상호 의존과 집단 책임 의식등은 부족 간의 연대감을 강화한다. 크레이그 스토티(Craig Storti)는 이러한 집단주의 성격을 띠는 사회에서는 한 사람의 정체성은 그 그룹을 구성하는 멤버로서의 역할과 기능으로서 이해된다

12 Silman Khawalde and Dan Rabinowitz, "Race from the Bottom of the Tribe that Never Was: Segmentary Narratives amongst the Ghawarna of Galilee," *Journal of Anthropological Research* Vol. 58, no. 2 (Summer, 2002), 227.

고 주장한다.[13]

한편 이러한 계급적 구조의 전통주의적 아랍 문화는 본래 남성 중심의 선호도를 갖는 전통주의적이고 보수적인 이슬람 학파들의 꾸란 해석을 통하여 지원 받는다.[14] 예를 들어 꾸란에서는 부인은 반드시 남편에게 순종해야 하고 남편은 부인을 훈육 시킬 책임이 있고 만약에 부인이 순종하지 않는 다면 남편은 부인을 체벌할 수 있음이 명시되어 있다(수라 4: 34). 대가족의 구조에서 여성은 언제나 가족을 의존하며 남성 권위자에게 순종해야 하는 것이다.[15] 꾸란, 순나, 하디스 등을 비롯한 이슬람의 종교적 문헌들의 보수적인 해석은 여성들을 사회적인 주체로서 정의하기보다는 연약하고 부족하며 남성들에게 의존할 수밖에 없는 존재로 만들고 있다.[16] 무슬림 여성들은 남성의 권위와 보호 아래에 살아야 한다.[17] 그러므로 어린 소녀는 반드시 순종적인 딸이 되어야 하며 겸손함과 정숙함을 보여야 한다.[18] 후에 결혼하여서는 순종적인 아내가 되고 헌신적인 어머니가 됨으로 진정한 여성으로서 자신을 발견하며 사회적인 역할등은 아내와 어머니로서의 역할보다 앞설 수 없다.[19]그러므로 이슬람 여성 학자 이보넨 핫다드는 "아내와 어머니"만이 아랍 여성들이 가질 수 있는 전통적이고 제한된 유일한 정체성이라고 주장한다.[20]

또한 요르단의 부족주의 역시도 보수적인 여성상을 갖게 하는 주요 원인이 된다. 모든 요르단인들은 부족 혹은 씨족의(아쉬라, *'ashirah*) 뿌리를 갖고

13 Craig Storti, *Figuring Foreigners Out: A Practical Guide* (Boston, MA: Intercultural Press, 1999), 25.

14 Meena Sharify-Funk, *Encountering the Transnational: Women, Islam and the Politics of Interpretation* (Burlington, VT: Ashgate Publishing, 2008), 136.

15 Lila Abu-Lughod, *Veiled Sentiments: Honor and Poetry in a Bedouin Society* (Berkeley: University of California Press, 1986), 104-5.

16 Melani McNeal, "Do Muslim Women Really Need Saving? Mission, Reconciliation and Gender in the Arab World." in *Ministry of Reconciliation*, ed. John Stringer (Groningen, Netherlands: Grassroots Mission Publications, 2009), 82.

17 Lois Beck, "The Religious Lives of Muslim Women," in *Women in Contemporary Muslim Societies,* ed., Jane I. Smith (London, UK: Associated University Presses, 1980), 34.

18 Beck, "The Religious Lives of Muslim Women," 34.

19 Beck, "The Religious Lives of Muslim Women," 17.

20 Yvonne Yazbeck Haddad, "Traditional Affirmations Concerning the Role of Women," in *Women in Contemporary Muslim Societies*, ed. Jane I. Smith (London, UK: Associated University, 1980,) 63.

있다.[21] 『요르단의 부족들: 21세기의 시작』(*The Tribes of Jordan: At the Beginning of the Twenty-First Century*)이라는 저서에서 가지 이븐 무함마드(Ghazi bin Muhammad)는 요르단의 부족들은 단지 혈연적 관계로만 이어진 것이 아니라 같은세계관과 삶을 나누고 있다고 주장한다.

한 부족원은 그의 부족과 같은 방식으로 생각을 하며 같은 원리를 믿으며 같은 가치관과 윤리관에 동화된다. 또한 같은 독특한 규범과 법에 따라 행동하며 같은 쉐이크(*Shaykh*, 부족의 리더)밑에서 함께 살며 함께 이동하고 서로를 보호하며 함께 싸우고 함께 죽는다.[22]

요르단의 세속 정부 수립은 부족 내의 정치 구조와 요르단 부족들의 삶의 스타일에 변화를 가져왔지만 자신이 속한 씨족이나 부족에 대한 충성도는 요르단인의 삶에 깊게 배여 있다. 이러한 부족 구조 하에서 확대 가족개념은 요르단 사회를 구성하는 가장 기본적인 단위가 된다. 그러므로 확대 가족은 개인의 결정이나 선택에 있어서 중요한 역할을 한다. 사촌 간의 결혼 제도 역시 아랍의 전통과 혈연을 지키는 중요한 요소이다. 가정에서의 여성 구성원은 남성들에게 순종하고 그들의 보호를 받아야 한다.[23] 여성으로서 명예와 정숙함을 지키는 도덕성의 기준은 가정을 중요시하는 아랍 정서에 기인한 것이다.[24] 여성들의 명예는 개인의 명예만이 아닌 가족의 명예와도 깊게 연결되어 있다.

2) 근대화의 물결 속에 부각된 이슬람 부흥 운동

근대화가 서구 사회에서 세속화로 이어졌다면 이슬람 사회에서는 오히려

21 Ghazi bin Muhammad, *The Tribes of Jordan: At the Beginning of the Twenty-First Century* (Jordan: the Hashemite Kingdom of Jordan, 1999), 9.

22 Muhammad, *The Tribes of Jordan*, 13.

23 Raphel Patai, *The Arab Mind* (New York, NY: Macmillan Publishing, 1983), 281.

24 Abu- Lughod, op. cit., 40-41.

이슬람 부흥운동으로 나타났다.[25] 현대 무슬림들의 자기 자신의 정체성에 대한 이해를 이슬람과 그 종교적 가치관 안에서 확정 받고자 하는 움직임을 가져온 것이다.[26] 요르단 사회도 다른 아랍 국가들과 마찬가지로 1980년대 이슬람의 종교적 부흥기가 오게 되었다. 이러한 근대화의 물결은 여성들에게 이슬람 전통주의의 강화라는 긴장을 가져왔다.

식민지 독립 후 무슬림들이 아랍인들의 진정한 정체성을 찾으려고 노력하면서 더욱 이슬람적인 아랍인의 문화와 유산을 추구하게 된 것이 이슬람 부흥의 가장 근본적인 원인 중 하나이다. 많은 아랍인들이 정치적인 식민지 기간은 끝났어도 경제적이고 문화적인 식민주의는 계속되고 있음을 인식하고 아랍 고유의 문화와 전통으로 돌아가는 것만이 서구의 영향들을 극복하는 바른 방법이라고 여기기 시작했다.[27] 이러한 맥락에서 여성들의 사회에서의 역할도 다시 재정립하기를 원하게 되었다.

이슬람 부흥의 또 다른 원인은 경제적 침체와 지역간 문제를 정치적으로 잘 해결하지 못함에도 기인한다.[28] 이란과 주변 산유국들의 경제적 침체의 영향을 받아 1970년대 후반과 1980년대 요르단은 심한 경제적 침체를 겪었다.[29] 이러한 사회적 경제적 상황은 보수주의자들에게 다시 이슬람 종교의 가치관을 재발견하는 것에 초점을 맞추게 하고 "이슬람만이 해결이다"라는 슬로건을 내세우게 했다.[30] 이러한 과정에서 여성들의 정숙함과 전통적 미덕

25 Tigrul Keskin, "The Sociology of Islam," in *The Sociology of Islam: Secularism, Economy and Politics*, ed. Tugrul Keskin (Reading, UK: Ithaca Press, 2011), 7.

26 Juliette Minces, *The House of Obedience: Women in Arab Society,* trans. Michael Pallis (London, UK: Zed Press, 1982), 24.

27 Nadia Hijab, "Islam, Social Change, and the Reality of Arab Womens Lives," in *Islam, Gender and Social Change,* ed.Yvonne Yazbeck Haddad and John L. Esposito (New York, NY: Oxford University Press, 1998), 48.

28 Hijab, op. cit., 48.

29 Mansoor Moaddel, "Religion and the State: The Singularity of the Jordanian Religious Experience," *International Journal of Polities, Culture and Society*, Vol. 15, no. 4 (summer, 2002), 528.

30 무슬림 형제단의 대표(Jamaat al-Ikhwan al-Muslimin), 이슬람 자유당, 그리고 다르-알-꾸란(*Dar-al-Quran*)은 1980년대와 1990년대에 이슬람 운동을 사회에 실천한 주도적인 세력이었다.: Jan Goodwin, *Price of Honour* (London, UK: Warner Books, 1994), 282.

들이 재 강조되었고 합당한 여성들의 복장과 행동에 대한 강조가 되었다.[31]

3) 요르단 국가 설립의 정치적 상황

또한 한편으로는 요르단이라는 국가가 설립되는 과정에서의 정치적인 원인도 여성들에 대하여 보수적이고 비우호적으로 작용하였다.베두윈 부족들의 도움이 절대적으로 필요했던 요르단 왕정은 전통적인 베두윈 부족 안에서의 통용되던 여자들에 대한 보수적인 의견을 사회전반적으로 수용할 수밖에 없게 된다.[32] 그러므로 요르단 여성의 참정권의 경우도 국가 수립후 거의 50년이 지난 1974년에서야 승인됐지만 사실상 1989년까지는 사용되지 못했다.[33]

2. 새롭게 창조되는 여성상

1) 사회적 변화

그러나 한편 이러한 경제적 침체에 따른 사회적 변화들은 한 사회의 질서로서 유지되어온 이슬람의 기초적 토대에 대한 도전을 불러일으켰다.[34] 1980년대와 90년대 많은 젊은이들이 쿠웨이트, 아랍 에미레이트 등 다른 지역으로 일자리를 찾아 나섰고 가족들을 부양했다. 많은 젊은이들이 가족과 부족의 구속력에서 벗어나 개인 스스로 주도적인 삶을 경험하게 되었고 외부의 자유로운 영향에도 노출되었다. 결과적으로 시간이 흘러 이들은 요르

31 Lisa Taraki, "Islam is the Solution: Jordanian Islamists and the Dilemma of the Modern Woman," *The British Journal of Sociology*, no.46, Issue 4 (December, 1995), 648.

32 Brand, op. cit., 102.

33 Brand, "Women and the state in Jordan," 119.

34 Fatima Mernissi, *Beyond the Veil: Male-Female Dynamics in a Modern Muslim Society*, revised ed., (Bloomington and Indianapolis, IN: Indiana University Press, 1987), 83.

단 사회의 근대화, 세속화를 이끄는 주역들인 중산층이 되었다. 또한 집안에만 머물러 있었던 여성들도 경제 참여와 교육의 기회가 확대되어 낮은 임금의 직업에서부터 전문화된 직업의 영역까지 일하게 된다.[35] 이러한 교육과 경제적 참여는 요르단 여성들에게 사회 구성원으로서의 그들의 기본적 권리를 인식하는 계기가 되었다.[36]

2) 중산층의 확산과 열린 사회

전통적이고 집단주의적인 면을 가지고 있음에도 현재의 요르단 사회는 경제적 발전, 높은 교육 수준 등 계속되는 사회적 상호 작용으로 요르단 국민의 삶과 전반적 인식의 변화를 겪고 있다.[37] 수도 암만에 거주하는 중산층은 서구화되고 요르단 사회를 변화시키는 주체들이다. 이 새로운 중산층은 세속화된 시민 사회를 형성하는 중요 세력이 되었고, 1970년대부터 1990년대까지를 거쳐 신속한 경제성장, 정부 행정기관 체계의 발전, 그리고 사회분화로 더욱 가속화되었다.[38] 이슬람 학자인 존 슈프(John Shoup)는 이러한 중산층의 부상을 전통적인 사회 관습에 도전하는 가장 중요한 요인이라고 여긴다.[39] 위성 텔레비전과 인터넷 사용 증가 등은 요르단 젊은이들과 국민들에게 세계 다른 지역의 정치적, 사회적 상황과 문화에 접할 수 있는 계기를 마련하였다.[40]세계화의 영향과 서방 국가와의 관계 개선 등도 요르단 국민들이 다양한 가치관과 사상에 노출되는 중요한 요인으로 작용하였다.

이러한 사회적, 시대적 변화에 대한 가장 중요한 반응들 중 하나는 서구

35 Barbara Stowasser, "Gender Issues and Contemporary Quran Interpretation," in *Islam, Gender and Social Change*, ed.Yvonne Yazbeck Haddad and John L. Esposito (New York, NY: Oxford University Press, 1998), 119.

36 Brand, op. cit., 112.

37 John A. Shoup, *Culture and Customs of Jordan* (Westport, CN: Greenwood Press, 2007), 100.

38 Moaddel, op. cit., 535.

39 Shoup, op. cit., 106.

40 Shoup, *Culture and Customs of Jordan,* 49.

사회가 교회와 정치를 분리시키듯 무슬림들 사이에도 종교와 정치를 분리시키는 의식들이 생겨나기 시작한 것이다.[41] 명목상 무슬림들이나 세속주의자들이 1990년대부터 이러한 중산층 사이에 전반적으로 퍼져 가면서 이들은 법적으로는 무슬림이지만 그들에게 이슬람은 문화적 유산일 뿐 이슬람의 종교적 규범들은 지키지 않는다.[42] 일반적으로 자신들이 신실한 무슬림이라는 인상을 주기는 원하지만 라마단에도 금식을 하지 않는 그들에게는 이슬람은 그들의 조상, 가족 그리고 친구들과 문화적 연결을 해 주는 도구에 불과할 뿐이다.[43]

중산층 등의 부상으로 인한 요르단의 민주화와 국제화가 이루어 지는 과정에서 요르단의 여성들은 여전히 이등 시민으로 취급 당하고 있으나 요르단 여성들은 새롭게 발전하고 변화할 수 있는 자신의 위치를 인지하기 시작했고 명예살인에 대한 반대 등 자신의 목소리를 높이고 있다.

3) 포스트모더니즘의 영향

이미 많은 아랍사회들이 전통적 근대화 사회(전통주의와 기술적 근대화)와 포스트모더니즘의 영향아래 있는 것으로 여겨진다. 『페미니즘과 이슬람의 근본주의: 포스트 모던의 분석』(*Feminism and Islamic Fundamentalism: The Limit of Postmodern Analysis*)이라는 저서에서 하이데 모그시(HaidehMoghissi)는 이슬람 사회의 여성들 안에 내재된 포스트모더니즘의 영향들을 밝혀냈다. 그에 따르면 아랍여성들은 이미 이성, 진리, 권력 등 획일화된 거대 담론을 거부하고 절대적 진리 등을 의심하며 상황 간의 불연속성과 역사적 차이를 인정

---

41 Kathryn Ann Kraft, *Searching for Heaven in the Real World: A Sociological Discussion of Conversion in the Arab World* (Oxford, UK: Regnum Books, 2012), 52.

42 Abdullah Saeed, "Trends in Contemporary Islam: A Preliminary Attempt at a Classification," in *Muslim World* (July, 2007), 400.

43 Rachel Woodlock, "Many Hijabs: Interpretative Approaches to the Questions of Islamic Female Dress," in *The Sociology of Islam: Secularism, Economy and Politics*, 397.

하고 보다 지역적인 것을 선호하며 다양성과 다름을 추구하기 시작했다.[44] 그렇기에 자신의 정체성을 숙명적으로 받아들이기보다는 성취하려 하고, 모든 신념과 지식들은 문화적인 건축물들임을 인식하고 조건적이고 변화할 수 있음을 알고 있다고 제안하였다.[45]

오늘날의 젊은 요르단 여성들 특히 지식층일수록 여성의 삶에 대한 이해가 과거보다 더 자유스럽고 개발 가능한 것으로 받아들이기에 자신들의 새롭고 긍정적인 이미지를 추구하기 위한 노력이 계속되고 있다.[46] 그러므로 그들은 이미 가지고 있는 전통적 여성상을 인지하면서도 새로운 시대와 자신의 상황에서 창조되는 새로운 여성상을 갖는 일종의 복합적인 정체성을 보이는 경우가 많았다.[47]

이러한 여성 정체성 변화의 직접적인 요인들은 일반적으로 교육의 기회가 증대되고 출산 조절이 시작되고, 1960년대의 사회적 운동과 세계화된 문화적 영향으로 인한 여성 권리회복에 대한 운동 등에 기인한다고 본다.[48] 세계화와 인터넷 등의 영향은 젊은이들에게 고정된 사고방식에 회의를 갖게 했고 좀 더 자유로운 사상으로의 문을 열었으나 보수적인 전통주의자들에게는 위협적으로 느껴졌기에 오히려 문화적인 폐쇄와 이슬람 종교 근본주의로 돌아가려는 시도를 하게 했고, 이러한 긴장들은 이슬람 근본주의자들에 의한 폭력적인 사태로 나타나기도 하였다.[49] 그러나 많은 젊은 여성들은 세계화나 기술적 혁신에 의한 변화된 사회 환경을 통해 새로운 가치관이나 신념들을 접하게 되었고 이라크 전쟁과 아랍의 봄 등을 통한 이웃 국가의 일련의 상황들은 전통적인 가치관을 떠나 좀더 다각적인 시각에서 여성의 위

44 Haideh Moghissi, *Feminism and Islamic Fundamentalism: The Limits of Postmodern Analysis*, 2nd ed. (New York, NY: Zed Books, 2002), 50-51.

45 Moghissi, *Feminism and Islamic Fundamentalism*, 50-51.

46 Wilhelmina Jansen, "Contested Identities: Women and Religion in Algeria and Jordan," in *Women and Islamization: Contemporary Dimensions of Discourse on Gender Relations,* ed. Karin Ask and Marit Tjomsl and (New York, NY: Berg, 1998), 89.

47 Gabriele Marranci, *The Anthropology of Islam* (Oxford, UK: Berg, 2008), 99.

48 Marranci, *The Anthropology of Islam*, 93-4.

49 Marranci, *The Anthropology of Islam*, 93-4.

치와 삶을 바라보게 되었다. 또한 이러한 도전적인 상황들은 세대 간의 차이와 성별의 차이에 따른 가족중심적이고 보수적인 아랍문화의 가치관에 회의를 갖게 하였다.[50]

Ⅳ. 맺음말

아랍 여성들의 정체성은 단순하게 획일적으로 규정할 수 없는 유동적이고 복합적인 모습을 하고 있다. 요르단의 경우 보수적이고 나이가 있는 여성들은 전통적인 아랍의 보수적인 여성상을 가지고 자신의 정체성도 사회가 원하는 순종적인 여성으로 인식하는 경우가 많았다. 그러나 젊고 지식층일수록 전통적인 여성상의 경계와 포스트모더니즘 시대를 사는 현대 여성으로서 창조적이고 진취적인 여성상을 그리고 그렇게 살고자 하는 모습이 점점 늘어나고 있다. 아랍 관습과 꾸란의 보수적이고 남성 우호적인 해석은 여성들에게 획일적인 여성상을 강조하나 변화된 사회 환경과 교육과 경제 참여의 증대는 여성들로 하여금 자신의 권리 등에 대한 새로운 인식을 가지고 왔다. 이제 새로운 세대의 현대 아랍 여성들은 사회와 종교로부터 한정된 경계선 안에서 사회와 가족의 요구를 들어주면서도 끊임없이 정체성의 변화와 창조의 과정을 시작해 나가고 있다.

50 Jansen, op. cit., 91.

참고문헌

Abu-Lughod, Lila. *Veiled Sentiments: Honor and Poetry in a Bedouin Society*. Berkeley, CA: University of California Press, 1986.

Al-Tall, Suhayr Salti. "Muqaddimah Hawla Qadiyat al-Marah wa-al-Harakah al-Nisaiyah fi al-Urdun," *Introduction of village women and women movement in Jordan*. Beirut, Lebanon: Al-Muassah al-Arabiyah lil-Dirasat wa-al-Nashr, 1985.

Bauman, Zygmunt. *Liquid Times: Living in an Age of Uncertainty*. Cambridge, UK: Polity press, 2007.

Beck, Lois "The Religious Lives of Muslim Women." in *Women in Contemporary Muslim Societies*. ed. by Jane I. Smith. London, UK: Associated University Presses, (1980): 27-60.

Brand, Laurie A. "Women and the State in Jordan." in *Islam, Gender, and Social Change*. ed. by Yvonne Yazbeck Haddad, 100-123. New York, NY: Oxford University Press, 1998.

Emam, Dana Al. "Jordanian women remain underrepresented in politics. (Mar. 26, 2013). http://jordantimes.com/jordanian-women-remain-underrepresented-in-politics (accessed May 21, 2013).

Goodwin, Jan. *Price of Honour*. London, UK: Warner Books, 1994.

Haddad, Yvonne Yazbeck. "Traditional Affirmations Concerning the Role of Women." in *Women in Contemporary Muslim Societies*. ed. by Jane I. Smith, 61-86. London, UK: Associated University, 1980.

Hijab, Nadia. "Islam, Social Change, and the Reality of Arab Womens Lives," in *Islam, Gender and Social Change*. eds. by Yvonne Yazbeck Haddad and John L. Esposito, New York, NY: Oxford University Press, (1998): 45-55.

Jansen, Wilhelmina. "Contested Identities: Women and Religion in Algeria and Jordan." in *Women and Islamization: Contemporary Dimensions of Discourse on Gender Relations*. eds. by Karin Ask and Marit Tjomsland, New York, NY: Berg, (1998): 73-102.

Keskin, Tigrul. "The Sociology of Islam." in *The Sociology of Islam: Secularism, Economy and*

Politics. eds. by Tugrul Keskin, Reading, UK: Ithaca Press, (2011): 1-20.

Khawalde, Silman, and Dan Rabinowitz. "Race from the Bottom of the Tribe that never was: Segmentary Narratives amongst the Ghawarna of Galilee." *Journal of Anthropological Research* Vol. 58, no.2 (Summer 2002): 225-243.

Kraft, Kathryn Ann. *Searching for Heaven in the Real World: A Sociological Discussion of Conversion in the Arab World*. Oxford, UK: Regnum Books, 2012.

Marranci, Gabriele. *The anthropology of Islam*. Oxford, UK: Berg, 2008.

McNeal, Melani. "Do Muslim Women Really Need Saving? Mission, Reconciliation and Gender in the Arab World," in *Ministry of Reconciliation*. ed. by John Stringer, Groningen, Netherlands: Grassroots Mission Publications, (2009): 1-89.

Mernissi, Fatima. *Beyond the Veil: Male-Female Dynamics in a Modern Muslim Society*. Revised edition. Bloomington and Indianapolis, IN: Indiana University Press, 1987.

Moaddel, Mansoor. "Religion and the State: The Singularity of the Jordanian Religious Experience," *International Journal of Polities, Culture and Society* Vol.15, no.4 (summer, 2002): 527-568.

Moghissi, Haideh. *Feminism and Islamic Fundamentalism: The limits of postmodern analysis*. 2nd ed. New York, NY: Zed Books, 2002.

Muhammad, Ghazi bin. *The Tribes of Jordan: At the beginning of the Twenty-First century*. Jordan: the Hashemite Kingdom of Jordan, 1999.

Patai, Raphel. *The Arab Mind*. New York, NY: Macmillan Publishing, 1983.

Saeed, Abdullah. "Trends in Contemporary Islam: A Preliminary Attempt at a Classification." *The Muslim World 97* (2007): 395-404.

Sharify-Funk, Meena. *Encountering the Transnational: Women, Islam and the Politics of Interpretation*. Burlington, VT: Ashgate Publishing, 2008.

Shoup, John A. *Culture and Customs of Jordan*. Westport, CN: Greenwood Press, 2007.

Storti, Craig. *Figuring Foreigners Out: A Practical Guide*. Boston, MA: Intercultural Press, 1999.

Stowasser, Barbara Freyer. "Gender Issues and Contemporary Quran Interpretation," in *Islam, Gender and Social Change*. edited by Yvonne Yazbeck Haddad, and John L. Esposito, New York, NY: Oxford University Press, (1998): 30-44.

Taraki, Lisa. "Islam is the solution: Jordanian Islamists and the dilemma of the modern woman." *The British Journal of Sociology*. No. 46, Issue 4 (December, 1995): 643-661.

"Asma Khader." http://ictj.org/about/asma-khader (accessed May 21, 2013).

"Worlds most powerful women." http://www.queenrania.jo/ media/ news/ worlds-most-powerful-women (accessed May 21, 2013).

Woodlock, Rachel. "Many Hijabs: Interpretative Approaches to the Questions of Islamic Female Dress" in *The Sociology of Islam: Secularism, Economy and Politics*. edited by Tugrul Keskin, 395-418. Reading, UK: Ithaca Press, 2011.

격변하는 현대 이슬람 세계에서 터키 이슬람이 가지는 역할

김성운*

I. 들어가는 글

II. 현대성과 조화의 가능성

III. 민주주의와 조화의 가능성

IV. 자본주의와 조화의 가능성

V. 종교적, 인종적, 문화적 다원주의와의 조화의 가능성

VI. 나가는 글

* 고려신학대학원 선교학 교수

ABSTRACT

Sungwoon Kim

This paper examines the role of Turkish Islam in the dynamics of Muslim world. Today, the majority of the Muslim society suffers from clash due to the differences in denominations, nations, and ideologies. The vicious cycle of sanguinary collisions between Sunni and Shiites continues throughout Iraq, Syria, Lebanon, Afghanistan, and Pakistan. Even within the same Sunni denomination, the clash between Kurdish, Arabs, and Turk continues throughout large portions of Iraq, Syria, and Turkey. The recent armed protests of ISIS result the combination of both cases. North African Islam nations started a protest, the Arab Spring, in order to transfer power from dictatorial government to civil government, but they encounter a colder weather rather than spring as they expected.

Problems of Muslims do not stop at the inside issue. Today, the active Islamic organizations form the Islamic society in both inside and outside of the society, and this phenomena expand problems of Muslims globally. This study finds that the possibility of Muslims for them to admit other religion, culture, and ethnic differences and coexistence is not only an Islamic concern, but also concern for non-Muslim countries. Researchers show that Muslim nations wish to have democracy, individual rights, and economic stability that does not deviate from Islam principles. This paper chose Turkish Islam among the Muslim world to show that such possibilities of Muslims are realistic and able to fulfill. Turkish Islam does what most Muslims wish to have; they do not give up Islamic principles while pursuing political stability and economic development by incorporating with the modern day. By looking at the case of Turkish Islam, this paper also suggest to other Muslims that it is possible to embrace Islamic principles while forming a political stability and economic development by incorporating with the modern day, and give assurance that is the best action to take for Islam and Muslim.

In order to support this, this paper addresses four points. The first is the harmony of Islam and modernity that is formed in the Turkish Islam. Turkish Islam embrace modernism by "Islamization of modernity." Instead of giving up the principles of Islam or rejecting modernity. Secondly, AKP party's start as a political Islam and seizure of power through popular vote to its success show other

Islam nations that "Islamic Democracy" is possible. Third point is the possibility of correspondence of Islam and capitalism. Turkish Muslim leaders have sublimated economic activities as dedication to Allah and created "Islam Protestant." As a result, Turkey has become one of the fastest nations to grow and develop economically. Finally, Turkish Islam has shown that "Islamic pluralism" is possible to succeed. Turkish Islam leaders continue to debate in order to find ways to live within the boundaries of Islam foundations and practice individual rights. As a result, Turkey today is the most vigorous and free Islam country. Turkish Islam suggests other Islam nations a model through such experiences.

● **Key words**

Turkish Islam, Islamization of modernity, Islamic democracy, Islamic pluralism

I. 들어가는 글

이슬람이나 무슬림이라는 말을 들으면 테러와 전쟁과 같은 부정적인 이미지를 연상하는 사람들이 많을 것이다. 사람들이 이슬람에 대한 이런 부정적인 생각을 가지고 있는 것은 그들이 오리엔탈리스트적인 편견을 가지고 있기 때문은 아닐 것이다. 오늘 세계에서 일어나고 있는 일에 대해서 관심이 있는 사람이라면 이슬람 세계의 내부와 외부에서 어떤 일들이 일어나고 있는지 잘 알고 있을 것이다. 이슬람 세계 내부에서는 종파, 민족 그리고 이념 간의 충돌이 끊이질 않는다. 순니파와 시아파 간의 유혈충돌이 이라크, 시리아, 레바논, 아프가니스탄, 파키스탄 등지에서 계속되고 있다. 이들 국가에 살고 있는 무슬림들은 종파간의 분쟁을 생존을 위협하는 가장 큰 문제로 인식하고 있지만 해결의 실마리가 보이지 않는다.[1] 동일한 분파 내에서도 상황은 크게 다르지 않다. 동일한 순니파에 속하지만 쿠르드인과 아랍인 그리고 터키인들 사이의 충돌이 이라크, 시리아, 터키를 포함한 광범위한 지역에서 계속되고 있다. 최근 ISIS(Irak Syria Islam State)로 알려진 단체의 무력시위는 이 두 가지가 복합적으로 얽혀서 나타난 현상이다.[2]

이슬람 내부의 문제는 이것만이 아니다. "아랍의 봄"이라는 이름으로 알려진, 독재 권력에서 민주적인 통치로의 이양을 기대하며 항쟁을 시작하였던 북아프리카 이슬람 국가들은 봄이 아니라 더 매서운 겨울을 맞이한 것 같다. 이슬람주의자들과 세속주의자들 사이의 힘겨루기가 어느 한 쪽의 승리로 쉽게 끝날 것 같지 않고 이슬람주의자들 사이에 존재하는 이견도 너무 깊고 넓어 보인다. 누가 정권을 잡는다고 하더라도 경제문제라는 복잡한 실타래를 어떻게 풀어 나갈 것인가 하는 난제가 또한 그들을 기다리고 있다. 북

---

1 Pew Research Center의 2013년 보고서에 의하면 레바논 국민의 38%, 파키스탄 국민의 34%, 이라크 국민의 23% 그리고 아프가니스탄 국민의 20%가 순니-시아 사이의 긴장이 국가의 가장 큰 문제라고 응답했다. (http://www.pewforum.org/2013/04/30/the-worlds-muslims-religion-politics-society) (accessed Oct. 1, 2014).

2 ISIS는 시아파와 쿠르드족의 통치로 억압을 당하는 이라크와 시리아의 아랍계 순니 무슬림들이 결집하여 샤리아에 토대한 국가를 건설하려는 단체 또는 운동이라고 할 수 있다.

아프리카 이슬람 국가들의 국민 대부분이 실제적으로 기대하는 것은 이슬람이라는 이념이나 어떤 정치적인 형태가 아니라 일자리와 빵이기 때문이다.[3] 그래서 일자리와 빵의 문제를 해결하지 않고는 어떤 형태의 정권이 들어선다고 하더라도 국민들로부터 자신들의 통치의 정당성을 확보하기는 힘들 것이다.[4]

이슬람 내부에서 일어나는 이런 문제는 이슬람 내부의 문제로만 끝나지 않는다. 자신들의 정권이나 기득권을 유지하기 위해 내부적인 불만을 외부로 돌리려는 의도에서든지, 아니면 이슬람을 서구의 세속주의로부터 보호하거나 전파하기 위한 목적에서든지 이슬람 단체들의 활동은 무슬림 사회를 넘어서 세계의 문제로 확대된다. 그러한 이유로 무슬림들이 종교적, 문화적, 인종적 다양성을 인정하면서 공존할 수 있는 가능성을 모색하는 것은 이슬람 국가들만큼이나 비이슬람 국가들의 관심사가 되었다.

세계종교 리서치 단체인 Pew가 발간한 보고서에 의하면 대부분의 무슬림들은 샤리아나 세속주의 양자택일이 아니라 이슬람의 신앙을 벗어나지 않으면서 민주주의와 개인의 자유 그리고 경제적 안정을 이룰 수 있기를 원한다.[5] 북아프리카를 비롯한 대부분의 이슬람 국가의 무슬림이 원하는 것이 바로 이것이다. 이것을 좀 더 구체적으로 표현하자면 무슬림들은 이슬람의 이념과 민주주의의 가치를 포기함이 없이 이 둘을 조화시킨 정치체제 그리고 이슬람의 가르침에 기초하면서 자본주의적인 경제 성장을 이룰 수 있는 경제체제, 이와 더불어 무슬림으로서 자신의 정체성을 포기하지 않으면서 다

---

3 아랍의 봄이 시작 된지 1년 후인 2012년 조사된 Pew 보고서에 의하면 이집트 국민의 49%가 경제가 민주화(48%)보다 중요하다고 대답했으며 튀니지 국민의 59%가 민주화(40%)보다 경제가 중요하다고 생각하고 있다. 파키스탄 국민의 58%도 민주화(34%)보다 경제가 중요하다고 대답했다. http://www.pewglobal.org/2012/07/10/most-muslims-want-democracy-personal-freedoms-and-islam-in-political-life (accessed Oct. 1, 2014).

4 2012년 선거에서 이집트 국민들은 무슬림 형제단에게 2년 전보다 19% 증가한 66%의 지지를 보내 집권을 하게 했지만 무슬림형제단 정권이 지속할 수 없었던 것은 경제문제 해결에 대한 국민의 기대를 충족시키지 못했기 때문이었다. http://www.pewglobal.org/2012/07/10/most-muslims-want-democracy-personal-freedoms-and-islam-in-political-life. (accessed Oct. 1, 2014).

5 http://www.pewglobal.org/2012/07/10/most-muslims-want-democracy-personal-freedoms-and-islam-in-political-life. (accessed Oct. 1, 2014).

른 이슬람 이해를 가진 무슬림들과 더 나아가 다른 인종이나 종교를 가진 사람들과 공존을 할 수 있는 사회체제를 원하고 있다는 것이다.

무슬림이든 비무슬림이든 그런 형태의 공존과 조화의 가능성을 모색하는 사람들은 터키를 주목한다. 그 이유는 자신의 종교적 정체성을 포기하지 않으면서 정치적 안정과 경제적 성장을 이루어가고 있는 터키에서 그런 길을 찾을 수 있는 가능성을 보기 때문이다. 아랍의 봄이 한창 진행 중이던 2011년 3월 1일 *International Business Times*가 East Tennessee대학의 정치학 교수인 Dilshod A. Achilov 교수와 가진 "Arab nations may look to Turkey and Indonesia as models of modern Islamic states"라는 제목의 인터뷰 기사와[6] Brookings Institution이 Ömer Taşplnar의 이름으로 발표한 "Turkey: The New Model?"[7]이라는 제목의 기사 그리고 런던의 한 아랍어 신문의 일면에 등장한 "수단은 터키를 모범으로 삼아야 한다"[8]와 같은 기사들은 무슬림들이 터키를 향해 가지고 있는 그와 같은 기대를 반영하고 있다.

터키 역시 자신들을 향한 그러한 기대를 충분히 인식하고 있다. 정치 이슬람적 뿌리를 가지고 있는 정의 발전당(AKP)의 당수이자 수상으로 민주주의의 발전과 경제성장을 성공적으로 이루어 왔다고 평가받는 타입 엘도안(Tayyip Erdoğan)이 2011년 6월 12일 총선에서 압승을 거두고 한 연설은 터키가 가지고 있는 그러한 인식을 분명하게 보여 준다. 엘도안은 총선 자축 연설에서 이슬람 정당으로 자신들이 이룬 승리의 의미를 다음과 같이 표현했다. "오늘 이스탄불만이 아니라 사라예보가 승리했습니다. 이즈밀만이 아니라 베이루트가 승리했습니다. 앙카라만이 아니라 다마스커스가 승리했습니다. 디야르바크르만 아니라 라말라, 웨스트뱅크, 나블루스 그리고 예루살렘

---

6 http://www.ibtimes.com/arab-nations-may-look-turkey-indonesia-models-modern-islamic- states (accessed Oct. 8, 2014).

7 http://www.brookings.edu/reserch/papers/2012/04/24-turkey-new-model-taspinar (accessed Oct. 8, 2014).

8 http://www.radikal,com.tr/yorum/sudan_turkeyyi_ornek_alsin-949046 (accessed Oct. 8, 2014).

이 승리했습니다."[9] 터키 수상으로서 엘도안이 한 연설의 취지는 터키 무슬림으로서 자신들의 경험이 현대와의 조화와 공존의 길을 찾고 있는 다른 이슬람 국가들에게 하나의 모델로서 영감을 줄 수 있다는 것이었다.

물론 터키가 이슬람과 민주정치, 자본주의 경제 그리고 다원주의 사회를 충분하게 조화시키고 소화해 낸 것은 아니다. 국민의 절대 다수가 무슬림인 국가에서 혁명적이라 할 수 있는 정치적 발전과, 경제적 성장은 이루었지만 알레비파를 비롯한 종교적 소수와 쿠르드족을 비롯한 인종적 소수의 권리의 문제는 여전히 해결해야 할 문제로 남아있다. 또한 세속주의자들과 이슬람주의자들의 이견과 갈등도 완전히 해결된 것은 아니다. 그럼에도 이슬람 국가로서 터키가 걸어왔고, 축적해 온 경험은 다른 이슬람 국가나 이슬람과의 공존을 모색하는 사람들에게 영감을 주기에 충분하다. 그렇다면 터키 이슬람이 하나의 모델로서 다른 이슬람 국가들이나 무슬림에게 제시할 수 있는 것은 무엇일까? 필자는 그것이 이슬람이 현대성과 민주적 정치제도와 자본주의 경제 그리고 다른 종교와 가치관과 조화를 이룰 수 있고 공존 할 수 있다는 가능성을 보여 주는 것이라고 생각한다.

II. 현대성과 조화의 가능성

터키 이슬람은 이슬람이 현대성과 충돌하지 않고 그것과 조화를 이룰 수 있다는 가능성을 보여 준다. 좀 더 구체적으로 터키의 경험은 무슬림들이 이슬람의 원리들을 포기하지 않고, 현대성의 구체적 표현이라고 할 수 있는 이성에 대한 신뢰에 기초한 실증주의, 세속주의, 자본주의 그리고 개인의 자율성을 수용할 수 있음을 보여 준다. 터키 이슬람이 현대성을 수용하지 못했다면 터키가 이룬 민주정치의 발전과 경제적 성장도 없었을 것이다. "이슬람의

9 http://www.cnnturk.com/haber/turkiye/erdogandan-balkon/konusmasi (accessed Oct. 8, 2014).

현대화" 또는 "현대성(modernity)의 이슬람화"[10]가 터키에서 가능했던 것은 두 가지 역사적인 요인이 작용했기 때문으로 보인다. 바로 터키인들이 전통적으로 가지고 있는 쿠란과 이슬람에 대한 개방적인 해석과 오스만 제국의 후반기부터 계속되어온 서구를 받아들임으로서 서구를 극복하려했던 축적된 역사적 경험이다.

터키 이슬람은 쿠란과 이슬람 해석에 대해 개방적인 특성을 가지고 있다. 터키 이슬람이 가지는 이러한 성격은 터키인들이 이슬람을 수용하는 과정에서 순니 하나피(*Hanafi*)파를 받아들임으로서 생겨났다. 터키인들이 하나피파를 수용한 것은 하나피의 이슬람 해석이 이슬람 이전부터 자신들이 가지고 있었던 전통적인 종교적 성향과 기질에 잘 맞았기 때문이다.[11] 쿠란과 순나를 문자적으로 해석하고 적용하는 다른 학파와는 달리, 하나피파는 쿠란의 해석은 문자적이 아니라 쿠란이 말하는 전체적인 정신에 비추어 해석해야 하며 문자의 뒤에 숨어 있는 의미를 찾아내어야 한다고 가르쳤다. 이것은 쿠란은 열려있는 책이며, 각 시대의 무슬림들은 자신의 시대와 상황에 따라 쿠란의 의미를 새롭게 찾아내어야 한다는 것을 의미한다. 쿠란에 대한 그러한 이해는 시대적, 문화적 상황에 따라 신앙과 정치 그리고 법의 영역에서 쿠란과 순니가 해석될 수 있는 가능성을 열어 놓았다. 터키 이슬람이 가지고 있는 이런 개방적인 성격이 터키 무슬림들이 현대라는 새로운 환경과 직면했을 때 이슬람을 현대에 혹은 현대를 이슬람에 맞게 해석하고 조화시킬 수 있는 길을 열었던 것이다.

그러나 터키 이슬람이 쿠란과 이슬람에 대한 개방적인 이해를 가지고 있다고 해서 그것이 자동적으로 이슬람과 현대성의 조화를 만들어 낸 것은 아

10 '현대성의 이슬람화' 라는 용어는 알제리 출신의 Abdusselam Yasin이 1997년 '현대성의 이슬람화' 라는 제목의 책을 출판하면서 일반적으로 사용되기 시작했다. '이슬람의 현대화' 라는 용어가 이슬람의 원리를 양보하면서 현대에 순응하는 것을 의미한다면, '현대성의 이슬람화' 는 현대성을 이슬람에 맞게 순응시키는 것을 의미한다. 이슬람의 관점에서 보자면 전자가 수동적이고 타협적인 의미를 가지는 반면 후자는 적극적이고 능동적인 의미를 가진다. 그래서 이슬람과 현대의 조화를 추구하는 무슬림들은 '현대성의 이슬람화' 라는 용어를 선호한다.

11 이슬람 이전 터키인들이 가지고 있었던 종교적 토양이 이슬람 수용과정에 미친 영향에 대해서는 김성운, 『형제의 나라 터키 이슬람 들여다보기』(서울: 글마당, 2013), 15-23을 참조하라.

니다. 그랬다면 터키처럼 쿠란과 이슬람 해석에 개방적인 견해를 가지고 있는 다른 이슬람 국가들도 터키와 유사한 상태에 있어야 할 것이다. 터키의 차별성은 이슬람에 대한 그러한 이해를 현대라는 환경에서 어느 정도 실천에 옮겼는가에 의해서 결정되었다고 할 수 있다. 터키 이슬람은 이슬람에 대한 개방적인 해석을 가졌다는 것보다 그러한 해석이 실천에 옮겨졌을 때 어떤 결과가 발생할 수 있는지를 보여 준다는 점에서 더 중요한 의미를 갖는다.

물론 터키 무슬림들이 이루어낸 것들은 자발적인 노력의 결과는 아니다. 오히려 오스만 제국의 후기부터 서구의 힘에 밀려 위기에 처한 제국을 구하기 위한 어쩔 수 없이 해야 했던 몸부림이 만들어낸 결과였다. 오스만 제국의 말기 서구에 빼앗긴 힘을 회복하고 과거의 영광을 회복하는 길은 군사력과 정치의 현대화에 있는 것으로 여겨졌고, 그러한 관점에서 서구의 실증주의와 세속주의를 수용하는 현대화 프로젝터가 진행되었다. 서구를 극복하기 위해 서구를 받아들이는 현대화 프로젝터에 종교의 자리는 없었다. 오스만 제국의 해체 후 터키 공화국을 건국한 세력들 역시 종교를 배제하고 실증주의와 세속주의에 기초한 민족국가 건설이라는 케말주의를 국가의 이데올로기로 삼았다. 국민의 절대 다수가 무슬림인 터키에서 진행된 케말주의적인 현대화 프로젝트가 어떤 의미를 가졌는지는 "국민에도 국민을 위하여"라는 유명한 슬로건에서 분명하게 드러난다. 그 슬로건은 절대 다수의 국민이 무슬림이지만 이슬람을 배제하고 국민을 위해 현대화를 진행하겠다는 의미였다. 대부분의 이슬람 지도자들은 그러한 국가이념에 동의할 수 없었다. 현대화에 동의하는 지식인들도 그러한 정책의 실효성에는 의문을 던졌다. 그렇다고 현대화를 거부할 수도 없었다. 종교적인 전통을 지키려고 현실에 안주하다가는 이슬람과 그들의 종교적 자유마저 빼앗길 수 있다는 것을 이미 경험하고 있었기 때문이었다.

그렇다면 대안은 이슬람과 현대 가운데 하나를 선택하는 것이 아니라 둘 다를 받아들이는 것 밖에 없었다. 문제는 그것이 가능한 것인지, 만일 가능하다면 누가 어떻게 그러한 일을 해 낼 수 있을 것인지 하는 것이었다. 급진적인 케말주의자들과 종교적 근본주의자들 가운데 상당수는 그러한 일은 불가능하며 시간낭비에 지나지 않는다고 생각했다. 그렇게 생각한 사람들은 각자가 선택한 길로 나아갔다. 이 두 그룹은 오스만 제국의 말기에서 현대에 이르기까지 터키에서 일어났던 내부적인 갈등과 충돌의 진원지가 되었다. 혼란과 충돌이 계속되자 세속주의를 추구하는 지식인들 가운데서 이슬람이 배제된 어떠한 프로젝터도 성공을 거둘 수 없다는 인식이 점차 확산되기 시작했고, 이슬람 주의자들 가운데서도 인류가 이룬 현대적인 성과들을 무시하고 이슬람의 미래를 보장할 수 없다는 생각이 확산되었다. 터키 건국의 초기에는 그런 사람들의 목소리가 케말주의가 내걸었던 슬로건의 함성에 묻혀 있었지만 시간이 지나면서 차츰 설득력을 얻게 되고 마침내 현재의 터키를 만들어 내었다.

이슬람과 현대성을 조화시키려고 노력했던 일련의 사람들과 그들이 주장했던 내용들을 살펴보는 것이 중요하겠지만, 그런 작업은 본 논문의 한계를 넘어서는 것이다. 그래서 본 논문에서는 터키 무슬림들이 이슬람의 정체성을 보존하면서도 현대성을 수용하는데 중요한 역할을 한 두 이슬람 사상가의 주장들만 간략하게 살펴보도록 하겠다.

오스만제국 말기와 터키 건국의 혼란 속에서 이슬람의 관점에서 현대성의 수용의 문제를 가장 치밀하게 고민한 인물은 사이드 눌시(Said Nursi: 1876-1960)였다. 눌시는 당시의 시대적 상황에서 위기에 처한 이슬람을 재건하는 길은 과거의 전통에 속박되지 않고 세계의 흐름에 보조를 맞추는 것이라고 확신했다. 그것은 이슬람의 재해석을 통한 쇄신을 의미했다. 그래서 그는 서구의 현대주의 정신이 지배하는 시대에 샤리아에 기반을 둔 정치체제로는 이슬람이 유지 될 수 없다고 주장했다. 왜냐하면 현대주의가 도전하는 것이 사회나 국가체제가 아니라 이슬람이었기 때문이다. 그러므로 이슬람이 살아남기 위해서는 쿠란이 이성의 시대에 맞게 새롭게 해석되어야 하며, 무슬림들의 지적인 세계도 재정립되어야 한다고 역설했다.[12] 그런 맥락에서 눌시

12 눌시의 사상과 그것의 현대적 의미에 대해서는 Serif Mardin, *Religion and Social Change in Modern*

는 서구의 실증주의와 현대의 과학은 이슬람에 어긋나거나 신앙을 약화시키는 것이 아니라 오히려 이슬람을 강화시킨다고 주장하였다. 눌시는 이슬람의 관점에서 볼 때 유물론에 기반을 둔 실증주의적 사고는 거부되어야 하지만 실증주의 자체는 과학적으로 증명된 자연의 법칙이므로 거부할 수 없다고 설파했다. 왜냐하면 실증주의가 밝혀낸 법칙은 알라가 부여한 것이기 때문이다. 이런 방법으로 눌시는 학문과 종교, 실증주의 이성과 이슬람의 계시를 조화시켜 나가는 작업을 하였다. 눌시의 사상은 터키 무슬림 지식인들뿐만 아니라 케말주의자들에게도 상당한 영향을 미쳤다.

두 번째 살펴볼 인물은 터키 현대 이슬람을 대표하면서 이슬람의 토대에서 현대성을 옹호한 하이레딘 카라만(Hayreddin Karaman)이라는 이슬람 신학자이다. 카라만은 이슬람 대학에서 이슬람 신학을 가르치는 교수로서 활동하면서 언론과 저술 작업을 통해 터키 무슬림들에게 상당한 영향을 미치고 있는 인물이다. 카라만은 이슬람 전통과 현대성 사이에서 고민하고 있는 무슬림들에게 시원한 대답을 내놓았다. 그것은 현대 기술문명이 서구에서 발생했지만 그것을 사용하는 것이 이슬람에 위배되거나 이슬람을 포기하는 것이 아니라는 것이다. 그는 자신의 주장이 쿠란과 이슬람 전통에 위배되는 것이 아니라는 것을 보여 주기 위해 무함마드를 모범으로 제시한다. 카라만은 무함마드는 이교도들의 기술을 사용했고, 이교도들이 가지고 있던 제도들을 이슬람의 목적에 따라 이슬람화 시켰다는 것을 상기시킨다. 오늘날 무슬림들이 해야 할 일은 현대성을 배척하는 것이 아니라 무함마드를 본받아 그것들을 이슬람화시켜 이슬람의 목적에 사용하는 것이라고 주장한다.[13] 카라만의 이런 주장은 사이드 눌시의 사상과도 맥락을 같이 하는 것이다.

눌시와 카라만의 이런 주장이 설득력을 얻어 터키가 이슬람의 원리와 현

Turkey: The Case of Beduzzaman Said Nursi (New York: State University of New York Press, 1989)를 참조하라.

13 하이레딘 카라만이 주장하는 논지들은 그의 책 Hayreddin Karaman, *Laik Düzende Dini Yaşamak*, Istanbul (Istanbul: Iz Yayıncılık, 1997)에 구체적으로 제시되어 있다. 한국어로 『세속주의 체제에서 종교적 실천』이라는 책 제목이 의미하는 것처럼, 카라만은 이 책을 통해 이슬람의 관점에서 서구의 현대성을 수용해야 할 뿐만 아니라 민주적 법치국가가 이상적인 통치형태임을 주장한다.

대의 가치를 조화시킬 수 있었던 것은 앞에서 언급했던 것처럼 터키 이슬람이 가지고 있는 개방적인 성격 때문이었다. 물론 다른 이슬람 국가들에서도 눌시와 카라만과 같은 주장을 하는 무슬림 사상가들이 없었던 것은 아니다. 하지만 다른 이슬람 국가들에게서 그런 주장이 결실을 맺지 못한 이유는 이슬람과 쿠란에 대한 해석방법이 달랐거나, 터키 무슬림들이 직면했던 위기와 절실함이 결여 되어 있었기 때문일 것이다. 그렇다면 쿠란과 이슬람에 대한 다른 해석의 전통을 가지고 있는 무슬림들에게 터키의 경험이 영감을 줄 수 있을까 하는 의문이 남는다. 이런 의문은 터키와 동일한 해석의 전통을 가지고 있지만 전혀 다른 역사적 과정을 걸어 왔던 중앙아시아 투르크계 국가들에게도 던져질 수 있다. 그러나 그런 의문에도 불구하고 터키 이슬람은 이슬람의 원리를 손상시키지 않으면서 현대성과 조화를 이루기를 원하는 무슬림들에게 "현대성의 이슬람화"라는 이름으로 그러한 일을 성취해 내는 것이 가능하다는 것을 분명하게 보여 주고 있다.

III. 민주주의와 조화의 가능성

전 세계의 이슬람 국가들을 대상으로 한 갤럽조사는 국가나 분파와 상관없이 대부분의 무슬림들은 샤리아나 민주주의 가운데 하나를 선택하려 하지 않는다는 것을 보여 준다. 대신 그들은 제3의 대안, 즉 이슬람의 원리를 벗어나지 않으면서 민주적인 자유와 다수결 그리고 법치주의의 가치가 공존하는 정치 모델을 원한다.[14] 아랍의 봄은 무슬림들의 그런 내면의 열망이 외부로 분출된 결과라고 할 수 있다. 그렇다면 대다수 무슬림들의 여망인 이슬람의 원리를 벗어나지 않으면서 민주적인 자유와 다수결 그리고 법치주의의 가치가 실현되는 정치가 현실적으로 가능한 것일까? 앞에서 제시했던

14 *International Business Times*, "*Arab nations may look to Turkey and Indonesia as modern Islamic states*" 에서 재인용.

것처럼 많은 무슬림, 비무슬림 지식인들과 정치가는 그러한 모델을 터키에서 찾을 수 있다고 생각한다.

많은 사람들이 터키를 이슬람적 민주주의의 모델로 생각하고 있는 이유는 2002년 이후 터키를 통치하고 있는 정의 발전당(AKP)이 이룬 정치적 성취 때문이다. 정의 발전당은 이전에 여러 차례 케말리즘의 수호자로 자처하는 군부의 쿠데타에 의해 해산되었던 정치 이슬람 정당에 뿌리를 두고 있다. 현 대통령인 타입 엘도안(Tayyip Erdoğan)과 전 대통령인 압둘라 귤(Abdullah Gül)을 비롯한 일군의 이슬람 주의자들은 정치 이슬람의 이념을 내걸고 선거를 통해 집권한 복지당(RP)이 군부의 개입으로 또다시 해산되자 2002년 이슬람의 원리에 기초하면서도 좀 더 중립적인 정의 발전당(AKP)을 창당했다. 정의 발전당은 창당과 함께 총선에서 승리한 후 3번 연속해서 집권하는데 성공했다. 정의 발전당의 그러한 승리는 터키 정치사에서 유래를 찾아볼 수 없는 것이었다. 집권 정당은 선거를 거듭할수록 지지도가 떨어지는 일반적인 정치 현상과는 달리 정의 발전당은 선거 때마다 지지도를 끌어 올렸다. 2002년 총선에서 34.28%의 득표를 얻어 집권하였지만 2007년의 총선에서는 46.58%, 2011년의 총선에서는 49.90%로 지지율을 끌어올렸다. 그리고 마침내 터키 역사상 처음으로 국민들의 직접선거로 실시된 2014년 대통령 선거에서 엘도안은 51.65%라는 압도적 지지를 얻어 대통령으로 당선되었다.

이러한 선거의 결과는 엘도안과 그가 이끄는 정의 발전당의 정책이 보수적이고 근본주의적인 성향을 가진 무슬림들뿐만 아니라 중도적이고 세속주의를 지향하는 온건한 무슬림들에게도 인정을 받았다는 것을 보여 준다. 이것을 달리 표현하자면, 엘도안과 그의 정치 동료들이 터키 국민들 사이에 광범위하게 퍼져있던 두려움, 즉 정치 이슬람이 정권을 잡으면 민주주의가 후퇴하고 샤리아에 기초한 강압적인 신정정치를 추구할 것이라는 우려를 불식시켰다는 것을 의미한다. 엘도안과 정의 발전당은 이슬람이라는 정체성을 유지하면서도 의회 민주주의와 민주적 다당 정치가 가능하다는 것을 보여 준 것이다.

터키에서의 정의 발전당의 성공은 아랍의 봄 이후 국민들의 절대적인 지지를 받고 집권했지만 곧 군부의 쿠데타로 실권한 이집트의 무슬림 형제단이나 이슬람 정당들이 알아야 할 중요한 하나의 사실을 가르쳐주고 있다. 이집트 국민들이 군부의 쿠데타를 인정한 것은 무슬림으로서 그들의 신앙을 저버렸기 때문이 아니라 무슬림 형제단이 경제문제 해결과 더 많은 자유의 보장이라는 자신들의 열망을 외면하고 이슬람 원리주의를 강화하는 쪽으로 갔기 때문이다. 무슬림 형제단의 실권은 비록 국민의 절대 다수가 무슬림이라고 하더라도 이슬람과 민주적인 정치라는 원리와 가치를 조화시키지 않고는 정치 이슬람의 미래가 없다는 것을 보여 준 것이다. 무슬림 형제단이나 다른 이슬람 정치 지도자들이 자신들의 실패를 반복하지 않으려면 터키에서 그것을 배워야 할 것이다.

터키 이슬람이 민주주의를 이슬람적인 것으로 소화시켜 수용할 수 있었던 것은 민주정치를 수용하려는 의지와 그러한 의지가 만들어낸 정치적 경험 그리고 민주적 정치가 이슬람의 전통과 가르침과 일치한다는 종교적 해석이 뒷받침되었기 때문이다. 터키 무슬림들이 샤리아법이나 칼리프의 절대적 권한이 아니라 민주주의적 선거를 통해 선출한 의회가 만든 법에 따른 통치를 수용한 것은 1839년 탄지마트(Tanzimat) 개혁까지 거슬러 올라간다. 신의 대리인으로서 황제의 절대 권력에 의해 통치되었던 오스만 제국이 탄지마트 개혁을 수용할 수 있었던 것은 오스만 제국의 몰락의 책임이 이슬람에게 있다고 주장했던 실증주의자들과 이슬람이 아니라 자신의 권력을 이용해 이슬람을 정치적으로 사용하는 황제에게 있다고 주장했던 이슬람 지식인들의 이해가 일치했기 때문이었다. 프랑스 혁명에 영향을 받은 실증주의자들은 샤리아가 아니라 현대적 법에 따른 통치를 위해 헌법제정을 원했고 이슬람 주의자들은 이슬람을 황제의 권력으로부터 구해내기 위해 헌법제정을 요구했다.[15] 탄지마트 개혁을 통해서 구성된 오스만 제국의 초대 의

15 오스만 제국의 이슬람 지식인들은 황제의 절대 권력에 맞서 민주적 합의에 따른 통치를 주장하면서 "서로 의논하여 결정하라"는 쿠란 42:38을 근거로 제시하였다.

회는 민주적 평등과 자유를 보장하는 최초의 헌법을 제정하였다.[16] 이 헌법은 모든 이슬람 국가와 사회를 통틀어 최초로 제정된 민주주의적 헌법이었으며 터키가 걸어 온 이슬람적 민주주의의 첫 걸음이었다.[17] 탄지마트 이후 터키의 민주주의는 케말주의자들의 독재적 통치와 이슬람 원리주의자들의 도전에 의해 여러 번 위기에 직면하였다. 그러나 그런 장애들을 극복하고 터키 민주정치가 현 단계에 이를 수 있었던 것은 정치인들의 역할과 함께 이슬람의 원리와 전통 속에서 민주주의를 수용하려는 이슬람 지도자들의 지속적인 노력 덕분이었다.

민주주의를 이슬람의 원리 안에서 해석하여 무슬림 대중들이 민주주의가 이슬람을 약화시키는 것이 아니라 오히려 강화시킨다는 확신을 갖도록 한 대표적인 인물 가운데 한 사람은 야샤르 누리 오즈투르크(Yaşar Nuri Öztürk)이다. 그는 이슬람 신학자 출신으로 교수, 국회의원 그리고 방송인으로서 활동하고 있다. 그의 저술들 가운데 '쿠란에서 본 이슬람'과 '터키어 쿠란'은 터키에서 가장 많이 팔린 이슬람 서적으로 알려져 있다. 오즈투르크의 이슬람에 대한 현대적인 해석은 그가 제술한 책과 텔레비전 방송을 통해 무슬림 대중들에게 깊은 영향을 미쳤다.

오즈투르크는 샤리아의 적용을 주장하는 이슬람 근본주의자들을 쿠란의 가르침에서 이탈한 자들이라고 강하게 비판한다. 그 이유는 쿠란에는 알라의 이름으로 통치해야 한다는 근본주의자들의 주장을 정당화 할 수 있는 어떠한 근거도 없다고 보기 때문이다. 오즈투르크의 해석에 의하면 알라의 이름으로 행해지던 통치는 선지자에게 국한 된 것이다. 그러므로 선지자가 존재하지 않는 오늘날 알라의 이름으로 행해지는 통치라는 것은 있을 수 없다. 오즈투르크에 의하면 쿠란이 제시하는 통치형태는 무슬림들 사이의 계약과 그러한 계약에 기초한 규칙에 따르는 것이다. 그는 "대중을 통치할 때 무함

16 탄지마트 헌법은 프랑스 인권선언을 기초로 3페이지 정도의 분량으로 작성되었으며 오스만 제국 역사에서 최초로 국민의 개념을 사용하였고 국민으로서 가지는 권리를 인정하였다.

17 Yavuz Bahadıroğlu, *Osmanlı Demokrasisinden Türkiye Cumhuriyetine* (Istanbul: Nesil Yayınları, 2010), 20.

마드 역시 쿠란의 구절들과 함께 계약을 존중하도록 요구하였다"고 주장한다.[18] 그는 여기에서 더 나아가 "오 예언자여 알라와 너를 따르는 자가 와서 올바른 일에 대하여 너를 따르겠다고 맹세하면 그 맹세를 받아들여라"(쿠란 60:12)는 구절을 무함마드라 할지라도 규칙에 따라 행동해야 했다는 것을 보여 주는 것이라고 해석한다.[19] 오즈투르크는 이러한 해석에 근거하여 무슬림들은 쿠란의 가르침에 따라 시민들 사이의 상호계약에 기초한 공화정과 민주주의를 인정해야 한다고 말한다. 그러면서 그는 쿠란의 교훈은 인권과 공정함을 유지하라는 것인데 "인류는 장기간 고통스러운 경험을 통하여 피나 칼로 이것을 이루는 대신에 민주주의라는 한 대안을 찾아내었다. 오늘날 가장 믿을 만한 길이 바로 이것이다"라고 주장한다.[20]

앞에서 언급한 카라만 역시 종교와 정치가 분리되어 있는 터키의 상황을 인정하면서, 쿠란의 가르침에 따르면 세속주의를 받아들이는 것이 이슬람 국가를 건설하려는 것보다 더 옳다고 주장한다. 왜냐하면 민주적 법치국가에서 무슬림들은 압박과 강요 그리고 불이익 없이 자신의 신앙의 문제를 자유롭게 실천하며 살아갈 수 있다고 보기 때문이다. 그래서 그는 무슬림들은 민주적 법치국가의 이상이 실현될 수 있도록 단결해야 하며 그러한 목적을 위해 정치에 적극 참여해야 한다고 주장한다.[21]

이슬람과 민주주의의 조화를 위한 이슬람 신학자들의 이런 노력은 무슬림 대중들이 이슬람과 민주주의는 대립되는 것이 아니라 일치하는 것이라는 인식과 확신을 갖는데 중요한 기여를 하였다. 국민들 가운데 그러한 인식과 확신이 있었기 때문에 이슬람적 민주주의에 대한 시도가 여러 번 시행착오와 좌절을 겪었음에도 마침내 현재의 결실을 거둘 수 있었던 것이다. 터키 국민의 대다수가 정의 발전당에 지지를 보내고 있는 것은 이전의 세속주의

18 Yaşar Nuri Öztürk, *Yeniden Yapılanmak* (Istanbul: Yeni Boyut Yayınları, 1998), 69.

19 Nuri, *Yeniden Yapılanmak*, 70.

20 Nuri, *Yeniden Yapılanmak*, 69.

21 Karaman, *Laik Düzende Dini Yaşamak*, *Istanbul*.

정당이나 정치 이슬람적 배경을 가진 정당들과 달리 엘도안이 이끄는 정의 발전당이 이슬람의 원리와 민주주의의 가치를 조화시키면서 정치적 안정과 경제적 성장을 이루었다고 확신하기 때문이다. 이 기간 동안 터키의 교회 역시 주목한 만한 긍정적인 변화를 경험했다. 정의 발전당이 집권하는 동안 터키교회는 사단법인의 형식이지만 법적 지위를 확보했고 정치권력이 공공연하게 교회에 압력을 가하는 일들도 거의 사라졌다. 정의 발전당의 기독교에 정책에 대해 여전히 의심스러운 눈으로 바라보는 사람들이 있지만 종교적, 인종적 그리고 문화적 소수에 대한 정부의 입장의 변화가 선교 환경에 긍정적인 변화를 만들고 있다는 것은 부인할 수 없는 사실이다.

Ⅳ. 자본주의와 조화의 가능성

정의 발전당이 집권하는 동안 터키는 괄목한 만한 경제적 성장을 이루었다. 정의 발전당이 연속해서 집권했던 2002년부터 2011년까지 터키의 경제는 연 평균 7.5% 성장했고, 2,800$에 불과했던 일인당 국민소득은 10,000$로 증가했다. 산유국이 아닌 이슬람 국가로서 터키가 이룬 이러한 경제적 성공은 기적으로 불릴만하다.[22] 정의 발전당이 집권하는 동안 이룬 이러한 경제적 성과는 국민들의 삶의 질을 높였을 뿐만 아니라 터키 무슬림들로 하여금 자신들의 이슬람에 대한 해석에 대해 자신감을 갖도록 만들었다. 터키인들에게서 흔히 듣는 '터키야말로 이슬람을 가장 잘 이해하고 실천하는 나라다'는 말은 그러한 자신감이 반영된 것이라 할 수 있다.

사실 이슬람의 관점에서 보자면 자본주의 자체는 이슬람과 충돌하지 않는다. 사막에서 무역을 하던 대상들을 중심으로 출발한 이슬람은 사유재산

22 워싱턴 근동 정치 연구소(Washington Institute for Near East Policy)의 터키 분석가인 Soner Cagaptay는 터키가 이룬 성과는 다른 이슬람 국가들과 비교하여 볼 때 단순히 정치적 또는 경제적 기적이 아니라 터키의 기적이라고 불려야한다고 주장한다. (http://www.npr.org/2012/01/06/144751851/the-turkish-model-can-it-be-replicated)(accessed Oct. 8, 2014).

을 인정하고 부의 축적을 신의 은총으로 인정하기 때문에 자유로운 경제활동을 통한 이익의 극대화라는 자본주의의 원리를 반대할 이유가 없기 때문이다. 그런데 문제는 어떻게 자본을 축적하고 기업과 일자리를 창출하여 세계시장에서 경쟁 할 것인가에 있다. 사우디아라비아나 이란과 같은 산유국에서도 이것을 성공하지 못했다. 원유를 통해 획득한 부가 일부에 편중되고 생산을 통한 일자리 창출과 자본의 축적이 일어나지 않았기 때문이다. 다른 이슬람 국가들에서의 상황이 그러하다면 원유의 절대량을 외국에서 수입하는 터키가 세계 자본주의 시장에서 경쟁하며 성장해 나가기를 기대하기란 더욱 어려운 일일 것이다. 그런데 지난 20년 동안 터키는 그것을 이루어 내고 이슬람 국가도 자본주의 시장경제에서 성공할 수 있음을 보여 주었다.

터키의 경제적 성공에는 외국인 직접투자를 유치하기 위한 정부차원의 노력과 경제정책도 중요한 도움이 되었지만 흔히 "아나톨리아 호랑이"라고 불리는 신흥 무슬림 자본가들의 활동이 결정적인 역할을 했다. 신흥 무슬림 자본가들은 순수한 국내의 자본과 노동을 바탕으로 기업을 일으켜 일자리를 창출하고 국내시장에서 외국 기업과 경쟁할 수 있는 역량을 갖춘 다음 세계시장으로 진출했다. 세계 경제 전문가들은 터키가 이룬 경제 성장의 동력원으로 이들 신흥 무슬림 자본가들을 지적한다.[23]

터키의 신흥 무슬림 자본가들은 1980년대 당시 수상과 대통령을 지냈던 툴구트 오잘(Turgutzal)의 경제개방정책의 결과로 생겨났다. 전통적으로 세속주의에 대한 거부감과 강한 종교심으로 무장된 내륙 출신의 젊은 무슬림 상공업자들은 '독립사업가연합회'(MUSIAD)를 구성하여 정부의 보호와 기득권을 가진 '터키경제인연합회'(TUSIAD)에 대항하면서 토착자본가 집단으로 성장하였다. 터키의 신흥 무슬림 자본가들은 이슬람의 원리와 종교 안에서 연합을 중시하지만 샤리아나 신정정치의 구현보다 정치적 안정을 더 중요시한다. 이슬람에 위배되지 않는 정도라면 정치적 안정이 자신들의 경제

23 한 예로, 위에서 인용한 IBT 보고서는 터키의 경제적 성공의 핵심동력(key engines)은 신흥 무슬림 기업가들이 운영 하는 중소기업의 역동성에 있다고 분석한다.

활동에 도움이 된다고 생각하기 때문이다. 신흥 자본가들이 대부분이 독실한 무슬림임을 자처하고 있음에도 정치 이슬람이 아니라 이슬람적 민주주의 노선을 지지하는 것도 그 때문이다.

터키 경제의 중추적 역할을 하는 신흥 무슬림 자본가들이 등장하고 부상할 수 있었던 것은 정치의 영역에서와 같이 경제의 영역에서도 자본주의를 옹호한 이슬람 지도자들의 역할이 있었기 때문이다. 터키 무슬림 지도자들이 자본주의를 옹호한 것은 자본주의 자체를 정당화하려는 목적에서 출발한 것은 아니었다. 무슬림 지도자들이 자본주의적 경제와 산업화를 강조한 것은 세속주의적이고 독제적인 케말주의자들의 권력을 약화시키고 이슬람 신앙을 회복하기 위해서였다. 무슬림 지도자들은 케말주의를 극복하기 위해서는 먼저 경제적 힘을 소유해야만 한다고 확신했다.

이슬람이 강해지기 위해서는 무슬림들이 적극적으로 경제활동에 나서야 한다고 강조한 대표적인 인물은 터키에서 가장 영향력 있는 '낙쉬벤디' 분파의 지도자 메흐멧 자히드 콕튜(Mehmet Zahid Küktü)였다. 콕튜는 현대의 기술을 중시했고 자신의 추종자들에게 공무원이나 정부의 관료가 되기보다는 사업을 하라고 권고했다. 그는 누구든 만나면 회사의 설립과 동업을 권했는데, 그것은 이슬람의 이상을 이루기 위해서는 경제적 독립이 중요하다는 것을 인식했기 때문이다.[24] 그는 사업에 성공해서 경제적으로 독립한 사람은 세속주의 정부의 간섭을 받지 않고 이슬람의 가르침을 자유롭게 실천 할 수 있다고 보았다. 콕튜의 이런 가르침은 케말주의자들에 맞서 힘의 대결을 벌이다 한계에 부닥친 근본주의자들에게 새로운 대안으로 떠올랐고, 케말주의 군부의 탄압을 피해 내세와 내면의 신비의 세계로 숨어들었던 무슬림들에게는 내세에서의 구원뿐만이 아니라 현세에서의 삶과 구원도 중요하다는 자각을 불러 일으켰다.

콕튜의 후계자인 에사트 조산(Esat Cosan)은 그의 스승의 가르침에서 한 걸음 더 나아가 알라의 이미지를 시장경제에 맞도록 새롭게 정의했다. 그의

24 Halit İlhan, "Bağımsızlığa Teşvik Etmiştir," *Islam* (Kasım, 1992), 43.

스승처럼 조산도 정치보다 경제에 더 큰 의미를 부여하면서 그의 추종자들이 시장을 움직이는 합리적인 조정의 능력을 알라의 은밀한 손이나 지혜의 표현으로 받아들이도록 가르쳤다. 그러면서 그는 자본주의를 이슬람과 조화시키는 노력을 기울였다. 조산은 무슬림들이 자본주의 경제 활동에 참여하도록 독려하기 위하여 '새로운 시대에 맞는 우리들의 새로운 의무'라는 책에서 흥미 있는 주장을 펼쳤다. "사업 경험이 없는 사람은 좋은 사람이 못된다. 가장 효용적이고 실제적인 사람들은 사업가와 상인들이다. 만일 어떤 사람이 사업가이면서 동시에 무슬림이라면 그는 종교적으로 가장 좋은 상태에 있다."[25] 조산은 자신의 주장을 정당화하기 위하여 사막의 대상이면서 이슬람을 일으킨 무함마드를 모범으로 제시한다. 이슬람을 자본주의라는 새로운 경제적 상황에 따라 해석하고 세상에서의 부의 축적을 종교적 성공과 연결시킨 조산의 가르침은 종교적이면서 성공을 갈망하는 현대 터키 무슬림들을 행동에 나서도록 자극하였다.

조산과 함께 자본주의를 정당화하고 경제활동을 신앙의 표현으로 끌어올린 또 한 사람의 무슬림 지도자는 페툴라 귤렌(Fetullah Gülen)이다. 귤렌은 그의 이름을 딴 '페툴라 귤렌 제마아트'라는 단체에 속한 600만 명 이상의 추종자를 거느리고 있다. 이 단체는 터키에서의 경험과 성공을 발판으로 한국을 포함한 세계 여러 나라에 학교와 문화단체 그리고 회사를 설립하고 이슬람 포교에 심혈을 기울이고 있다.[26] 귤렌은 흔히 행동주의 신학자로 평가 받는데, 그것은 그가 이슬람 신앙의 강조점을 내세 지향적인 것에서 세상의 활동의 영역으로 이끌어내었기 때문이다. 그의 행동주의 신학은 한 마디로 '세상에서의 모든 활동을 통해 알라를 기쁘게 하는 것'으로 요약할 수 있다. 귤렌의 행동주의 신학에서 경제적 활동은 알라를 위한 거룩한 활동으로 승화된다. 그래서 열심히 일하고, 얻은 수익으로 알라를 기쁘게 해야 한다는 사

25 Esad Cosan, *Yeni Dönemde Yeni Görevimiz* (Istanbul:Seha, 1993), 119.

26 페툴라 귤렌회의 한국에서의 활동에 대해서는 김성운, 『형제의 나라 터키 이슬람 들여다보기』 10장을 참조하라.

명감은 페툴라 귤렌회에 속한 무슬림들에게 현세적인 삶의 목표로 공유된다. 자본주의와 노동에 부여한 이러한 정당성은 아나톨리아의 신흥 무슬림 지식인들과 중소상공인들의 호응을 불러 일으켰다. 자본주의 사회에서의 생산과 상업적 활동을 이슬람 전파를 위한 천상의 사명으로 연결시킨 귤렌의 가르침은 터키에서 가장 역동적이고 창의적인 무슬림 신흥 자본가들을 만들어 내는데 결정적 역할을 하였다.

이와 같이 터키의 무슬림 지도자들은 이슬람 안에서 자본주의 체제를 정당화하고 자본주의 경제활동과 부의 축적을 고귀한 신앙적 행동으로까지 격상시켰다. 이런 사실에 주목하는 사회학자들은 터키 신흥 무슬림 자본가들을 프로테스탄트와 비교하여 "이슬람 프로테스탄트"로 정의한다. 터키 경제와 종교와의 관계를 분석하는 학자들이 그러한 용어를 사용하는 것은 막스 베버가 '프로테스탄트 윤리와 자본주의 정신'에서 주장했던 것과 유사한 것들이 터키 신흥 무슬림 자본가들에게서 발견되고 그러한 윤리와 정신이 경제성장의 정신적 원동력으로 작용하고 있다고 생각하기 때문이다. 서구의 종교개혁자들이 그러했듯이 터키에서 무슬림 신흥 자본가들이 출현하게 된 배경에는 무슬림 지도자들의 코란과 이슬람에 대한 개방적인 해석과 적용이 결정적인 역할을 했다는 것은 주목할 만하다.

정치적 권력을 지향함으로서 이슬람의 영광을 회복해야 한다고 주장하는 이슬람 원리주의자들은 경제적 성공을 통해 그러한 이상을 이룰 수 있다고 확신한 터키 무슬림들이 경제뿐만 아니라 정치적 영역에서도 더 많은 것을 이루어 내었다는 사실을 직시해야 할 것이다. 이집트의 이슬람 형제단이나 다른 이슬람 국가에서의 경험이 보여 주듯이 먹고 사는 문제를 해결하지 못하는 정권은 아무리 알라의 이름과 이슬람의 원리를 내세운다 하더라도 결국 국민들로부터 외면 받고 실패할 수밖에 없을 것이다. 터키 이슬람의 경험은 이슬람 국가들과 무슬림 지도자들에게 종교적 원리를 포기하지 않고 종교적 가르침의 틀 안에서 자본주의를 수용함으로서 더 많은 것을 얻을 수 있다는 것을 분명하게 보여 주고 있다.

V. 종교적, 인종적, 문화적 다원주의와 조화의 가능성

무슬림들은 움마(Umma)의 이상을 가지고 있지만 이슬람 국가들의 대부분은 종교적, 종파적, 민족적, 이념적 갈등으로 인한 갈등과 충돌로 혼란에 빠져있다. 이슬람 국가들에서 발생하는 테러의 대부분이 이슬람 내의 종파간 분쟁에 뿌리를 두고 있다는 사실은 무슬림 사회에서 종교와 이념이 다른 사람들이 함께 살아가는 것이 얼마나 어려운 일인지를 단적으로 보여 준다. 서론에서 언급했듯이 종파간의 분쟁이 무슬림들의 생존을 위협하는 가장 큰 문제로 인식되고 있지만 이슬람 세계는 여기에 대한 해결의 실마리를 찾지 못하고 있다. 종파적인 갈등이 없이 평온해 보이는 무슬림 사회도 그 내부를 들여다보면 다양한 이념적인 갈등이 존재한다. 현대에 들어와서 이슬람 사회 내부의 이러한 문제들은 세계의 문제로 확산되었다. 세계화와 인구의 이동으로 무슬림들과 비무슬림들이 함께 살아가는 곳이 갈수록 늘어가기 때문이다. 물론 이슬람 국가들이 겪는 분열과 갈등의 원인이 이슬람이라는 종교 자체에 의해 제공되고 있다고 말할 수 없다. 거기에는 이슬람 이전부터 존재하던 문화적인 요소와 서구의 제국주의 정책, 이슬람과 무슬림에 대한 잘못된 편견 그리고 이러한 모든 요소의 영향 아래서 이루어지는 쿠란과 이슬람에 대한 해석이 복합적인 요인으로 작용하고 있다. 그럼에도 불구하고 무슬림 사회의 내부와 외부에서 일어나는 충돌이 이슬람이라는 이름으로 행해진다는 사실은 부인할 수 없다. 그러므로 이슬람 내부에 존재하는 종파적, 인종적, 이념적인 분열과 갈등의 극복을 위한 해결방안은 일차적으로 무슬림들에게서 나와야한다.

문제는 그런 해결방안이 가능한 것인가 하는 것인데, 터키 이슬람이 그러한 가능성을 보여 준다. 터키 이슬람이 다른 이슬람 국가들에게 보여줄 수 있는 것은 두 가지로 요약될 수 있다. 첫째, 무슬림들도 다른 종교와 종파 그리고 인종들이 서로의 권리를 인정하면서 함께 살아가는 것이 가능하다고 생각할 수 있다는 것이며, 둘째, 그러한 생각을 이슬람의 원리 위에 정착시키기 위해서는 이슬람 지도자들이 핵심적인 역할을 해야 한다는 것이다.

터키를 여행하는 사람들은 터키에는 다양한 문화가 공존하고 사람들의 행동이 자유롭게 보인다는 사실을 발견하게 될 것이다. 그러나 실제의 상황은 보이는 것과 많이 다르다. 유대인과 아르메니아, 그리스, 수리아 계통의 소수 기독교인은 말할 것도 없고 알레비파와 쿠르드족들도 자신들의 종교적 인종적 정체성을 제대로 인정받지 못하고 있다. 터키는 건국 이후 최근에 이르기까지 '터키 이슬람 종합'[27]을 국가의 이념으로 내걸고 쿠르드족과 알레비파를 동화시키려고 시도하였다. 그러한 시도는 인종적, 종교적 갈등을 유발하여 내부적으로 큰 상처들을 만들어 내었다. 그러한 상황 가운데 집권한 정의 발전당이 만들어 낸 가장 큰 변화 가운데 하나는 소수의 권리를 인정하는 것이 이슬람의 가르침이라는 인식을 확산시킨 것이다. 정의 발전당은 쿠르드족의 문화적 정체성을 인정하고 쿠르드어의 사용과 교육을 허용했다. 그리고 알레비파에게도 정부가 이전에 저지른 잘못들을 인정하고 알레비들이 자신의 종교적 정체성을 유지해 갈 수 있도록 하는 일련의 정책들을 내놓았다. 더 나아가 종교적, 인종적 소수에 대한 권리의 인정은 성적, 사상적 소수에게까지 확장되고 있다. 엘도안을 뒤이어 수상이 된 다붙오울루(Davutoğlu)가 아르메니아계 언론인을 자신의 수석보좌관으로 임명한 것도 소수의 권리를 더욱 강화해 나가겠다는 정부의 의지를 더욱 분명히 표명한 것이라 할 수 있다. 정치 이슬람의 배경을 가졌음에도 정의 발전당이 보여준 그러한 노력과 결실은 국민의 절대 다수가 순니 무슬림인 국가에서도 종교적, 인종적, 문화적 다양성을 인정하고 함께 살 수 있다는 가능성을 보여주고 있다.

물론 현 터키정부가 종교적, 문화적 그리고 인종적 다원주의 정책을 추진한다고 해서 그러한 문제가 단기간에 해결 될 수는 없을 것이다. 터키인과 쿠르드인, 순니파와 알레비파의 갈등의 뿌리는 오랜 역사를 가지고 있고 남아있는 상처도 상당히 깊다. 이런 문제들이 치유되고 해결되기 위해서는 무

27 '터키 이슬람 종합'은 아나톨리아에 거주하는 다양한 민족을 언어적으로는 터키어를, 종교적으로는 순니 이슬람을 받아들이도록 함으로서 문화적, 종교적인 일치를 이루고자 기획된 국가의 공식 이념이었다.

엇보다도 다른 종교와 종파 그리고 인종들과 함께 살아가는 것이 가능하다는 생각과 믿음이 이슬람의 토대 위에서 정착되어야 한다. 이것을 위해서 터키의 무슬림 지도자들은 다원주의에 대한 서구적 해법이 아니라 이슬람적 해법을 찾아야 할 것이다. 터키 이슬람 지도자들도 자신들에게 주어진 그러한 책임을 충분히 인식하고 있는 것 같이 보인다. 최근 활발히 진행되는, 이슬람 전통이나 역사적 사례 연구를 통해서 다원주의를 위한 이슬람적 해법을 찾고자 하는 논의가 그러한 사실을 보여 준다.

현재 무슬림 지도자들 가운데 논의되고 있는 해법은 세 가지로 요약될 수 있다. 첫째, 해법은 이슬람 국가에서 전통적으로 시행해 오던 '밀레트 제도'(*Millet*)를 현대에 적용하자는 것이고, 둘째, 집권당인 정의 발전당이 추진하고 있는 '신 오스만주의' 그리고 마지막으로 이슬람 지식인들 사이에 논의되고 있는 '메디나 협정'의 현대적 해석과 적용이다.

우리가 익히 아는 것처럼, 밀레트 제도는 이슬람 초기부터 무슬림 통치자들이 자신의 지배 아래에 있는 유대인이나 기독교인들과 같은 비무슬림 주민들을 관리하기 위해 사용했던 방법이다. 무슬림 통치자들은 비무슬림들을 인종이나 종교에 따라 밀레트로 구분하고 각각의 밀레트와 수직적인 관계를 맺었다. 이 제도 아래서 이슬람 국가에 거주하던 비무슬림 주민들은 종교적 자치를 누릴 수 있었으며 인종간, 종교간 충돌 없이 평화를 유지할 수 있었다. 그러나 이 제도를 현대 국가에 적용하려는 것에는 문제가 있어 보인다. 우선 밀레트 제도는 무슬림 통치자들이 점령한 지역의 비무슬림들을 효과적으로 통치하기 위해서 만든 제도였지 그들의 권리를 보호하기 위해 만든 제도는 아니었다. 그래서 비무슬림 주민들은 자치권을 가지고 있기는 했지만 딤미(*Dimmi*)라는 이름으로 구별되어 무슬림들과 동일한 권리를 누릴 수 없는 2급 백성으로 차별을 받았다. 또한 각 밀레트들은 황제와 각각 수직적인 관계를 맺고 있었기 때문에 밀레트들 사이에 수평적인 관계가 형성되지 않았다. 그러므로 더 이상 종교적 공동체가 서로 분리되어 존재하지 않고 국민들이 동일한 법적권리와 수평적 관계를 가지는 현대 사회에서 밀레트 제도를 적용하는 데는 한계가 있어 보인다.

밀레트 제도가 가지고 있는 그러한 문제를 인식하고 있는 사람들은 '오스만주의'의 현대적인 적용을 대안으로 제시한다. 오스만주의는 오스만 제국 말기 종교와 민족에 따라 와해되는 제국을 보전하고 이슬람의 영광을 재현하기 위해 도입한 제도로서, '오스만 인'이라는 상위 정체성 아래서 제국 내에 사는 모든 사람들에게 동등한 법적, 정치적 권리를 인정했던 제도이다. 오스만 제국은 이 제도를 통하여 통치권 내의 모든 주민들이 종교나 인종적 정체성과 상관없이 자신을 '오스만인'으로 받아들이는 정치 공동체를 구성하고자 하였다. 물론 그러한 오스만주의가 사람들의 사고에 깊숙하게 뿌리내린 종교적, 인종적 구분을 극복하고 제국을 구하지 못했다. 그것을 성공하기에 오스만 제국은 너무 허약했고 서구 열강의 공세는 너무 강했기 때문이다. 오스만 제국의 멸망과 함께 그 근대적인 시도도 잊혀져 버렸다. 오스만 제국의 상속자 이긴 하지만 현재 터키는 하나의 종교와 단일 민족으로 이루어진 민족국가를 지향했기 때문에 오스만주의가 설 자리가 없었기 때문이다.

역사의 기억 속으로 사라져 버렸던 오스만주의가 '신오스만주의'로 다시 등장한 것은 터키가 추진하던 민족국가 프로젝터가 실패했다는 증거가 드러나면서 부터였다. 민족주의 프로젝터가 실패했다는 증거들은 80년대에 들어서면서 분명하게 나타나기 시작했다. 분리 독립을 요구하는 쿠르드족 독립 무장단체가 생겨났고, 자신들의 종교적 정체성을 주장하는 알레비파들의 소요들도 끊이지 않았다. 군대를 동원한 개입으로 그러한 소요들은 진압되었지만 종교인과 지식인들 사이에는 분열과 충돌의 위기를 극복하고 국가를 통합하기 위해서는 민족국가가 아닌 새로운 대안이 필요하다는 인식이 확산되었다. 그러한 상황에서 오스만주의가 '신 오스만주의'라는 이름으로 다시 등장하였다. 신 오스만주의는 오스만주의가 가지고 있던 이슬람적 다원주의 가치들과 서구의 민주주의적인 다원주의 가치들을 종합하고자 하는 시도라고 할 수 있다.[28] 그러나 신 오스만주의가 성공하기 위해서는 먼저

28 '신 오스만주의'에 대해서 더 자세한 내용은 김성운, 『형제의 나라 터키 이슬람 들여다보기』, 240-249을 참조하라.

두 가지 조건이 충족되어야 할 것으로 보인다. 첫째는 '터키인'이라는 정체성의 재설정이다. 현재와 같이 터키-순니라는 인종적, 종교적 토대위에 세워진 정체성으로는 신 오스만주의가 수용될 수 없다. 신 오스만주의가 성공을 거두려고 하면 우선 국가의 이름부터 바꾸어야 한다고 쿠르드인들의 주장하는 것도 그러한 이유에서이다. 신 오스만주의적 시도가 성공하기 위해서 필요한 또 하나의 조건은 신 오스만주의자들이 구상하는 체제가 이슬람의 원리와 전통과 일치한다는 것을 무슬림 대중들에게 납득시키는 것이다. 터키에는 오스만 제국의 멸망이 이슬람의 전통을 무시하고 이교도들에게 특권을 부여한 오스만주의 때문이라고 생각하는 사람들이 상당 수 존재하는데 이들을 설득하는 것은 쉬운 일로 보이지 않는다.

밀레트 제도와 신 오스만주의가 가지고 있는 한계를 알고 있는 사람들은 그 대안으로 '메디나 협정'의 현대적 적용을 제안한다. 메디나 협정은 622년 메디나에 입성한 무함마드와 그곳에 거주하던 유대인과 이교도들 사이에 체결된 최초의 이슬람식 정치적 협정이다.[29] 메디나 협정이 오늘날 이슬람적 다원주의의 모델로 제시되는 것은 이 협정이 체결된 역사적 배경과 연관이 있다. 622년 무함마드가 메카를 떠나 메디나에 도착했을 때 메디나는 거주 부족 사이에 아주 복잡한 힘의 역학관계가 존재했다. 당시 메디나에 거주하던 부족은 20여 개에 이르렀으며 유대인과 아랍인들 사이에, 그리고 유대인과 아랍인 부족 자체 내에서 종교적, 인종적 그리고 정치적 분쟁이 끊이지 않았다. 무엇보다도 역사가들이 "부아스"(*Buas*)라고 명명한, 유력한 두 아랍 부족 사이의 전쟁이 120년 동안 지속되고 있었다. 메디나의 혼란스런 상황은 무슬림들이 들어오면서 더욱 복잡해졌다.[30] 이러한 상황을 타개하고 모

29 이 협정은 하디스에 포함되어 있었지만 이슬람 세계에서 조차 주목받지 못하다가 1889년 독일학자 Wellhausen에 의해서 독일어로 번역되어 먼저 서구에 소개되었다. 이슬람 세계에는 1956년 이집트 이슬람 신학자였던 Hamidullah에 의해 비로소 알려지게 되었고, 터키에는 1974년 그의 책이 터키어로 번역되면서 알려지게 되었다. 이 협정이 알려지면서 여러 가지 논쟁이 발생했는데 논쟁의 핵심은 메디나 협정이 실제로 무함마드에 의해서 작성되었는가 하는 역사적 사실성의 문제와 이 협정이 법의 성격을 가진 협정인지 아니면 개인들 간에 체결된 계약서인지 하는 것이었다. 오늘날 대부분의 이슬람 학자들은 메디나 협정이 무함마드에 의해서 작성되었고 사적인 계약이 아니라 법이라는데 동의하고 있다.

30 협정을 체결하기 전에 인구 조사가 진행되었다고 전해진다. 기록에 의하면 당시 메디나의 인구는 1만 정

든 부족들이 함께 살 수 있는 방법을 찾던 무함마드는 무슬림과 유대인 그리고 이교도 아랍 부족들의 지도자들을 설득하여 47개 조항으로 이루어진 메디나 협정을 체결했다. 이 협정에 기록된 조항들은 무슬림과 유대인 그리고 이교도 공동체들이 하나의 움마(연합체)를 유지하면서 각각의 권리와 의무를 준수하도록 규정하고 있다.[31]

메디나 협정이 오늘날 터키에서 새삼스럽게 주목 받는 것은 두 가지 이유 때문인 것으로 보인다. 첫째 이유는 메디나 협정은 특정한 권력의 강압에 의해서가 아니라 구성원들의 자발적인 참여와 합의에 의해 체결되었기 때문이다. 이것은 현대 서구 사회의 기초를 놓은 루소의 사회계약설과 일치하는 면이 있다. 둘째 이유는 이 법이 한 사람이 다른 사람을 있는 그대로 인정하고 서로의 삶의 방식과 생각을 존중하도록 보장하고 있기 때문이다. 한 예로 메디나 협정 제25조항은 무슬림들과 유대인이 자유롭게 자신의 종교적 의무를 실천할 수 있는 권리를 규정하고 있다.[32] 터키의 무슬림 학자들은 종교의 자유를 보장하고 있는 이 규정이 기독교인과 우상 숭배자들의 신앙의 자유뿐만 아니라 신앙의 자유로운 전파까지 포함하고 있다고 해석한다. 그렇지 않다면 메디나의 무슬림들이 같은 도시에 거주하는 다른 종교인들에게 신앙을 전파할 수 없었을 것이라고 생각하기 때문이다.[33] 이 두 이유를 종합하면 메디나 협정은 사회 구성원들의 자유로운 참여와 합의에 의해 법을 제

도였으며 그 가운데 20개 부족으로 구성된 유대인이 4,000, 59개의 요새에 나누어 거주하던 아랍인이 4,500 그리고 메카에서 이주해 온 무슬림이 1,500이었다. (Ali Bulaç, "Medine Vesikası Hakkında Genel Bilgiler," *Istambul: Birikim, Haziran-Tammuz*, (1992): 102-111, 105.)

31 터키에서 1990년대에 들어서면서 메디나 협정에 대한 본격적인 논의가 시작되었다. 메디나 협정의 내용과 현대적 의미와 적용 가능성에 대한 수많은 논문들이 발표되었지만 아쉽게도 영어로 번역되거나 소개된 것을 찾아내지 못했다. 터키어에 익숙한 사람들은 Ahmet Insel, "Totaliterizm Medine Vesikası ve Özgürlük," *Istanbul: Birikim, Mayıs*, (1992): 29-32; Ali Bulaç, "Medine Vesikası Hakkında Genel Bilgiler," *Istanbul: Birikim, Haziran-Tammuz*, (1992): 102-111; Veli Yımaz, "Islamiyet 'te Demokrasi ve Medine Sözleşmesi," *Istanbul: Özgür Gündem*, (9.1. 1993)을 참조하라. 본 논문에서 소개되는 내용은 소개된 글들을 요약한 것이다.

32 제 25조항은 "유대인들의 종교는 유대인에게, 무슬림들의 종교도 무슬림들에게" 라고 규정하고 있다. 즉 유대인과 무슬림들에게 각각의 종교를 가지고 있으므로 그 종교의 의무를 수행하는 것을 인정하 라는 것이다.

33 Ali Bulaç, "Medine Vesikası Hakkında Genel Bilgiler," 108.

정하고 법의 보장 아래서 서로의 인권과 종교적 권리를 인정하는 사회를 구성할 수 있는 가능성을 제공한다.

이슬람적 다원주의의 대안을 찾는 무슬림 지식인들이 메디나 협정에 주목하는 것은 그것이 신 오스만주의나 밀레트 제도보다 더 합리적이고 현실에 적합할 뿐만 아니라 무함마드의 행동과 가르침에 부합되는 종교적 정당성을 가지고 있기 때문이다. 터키에서 잘 알려진 이슬람 지식인인 알리 불라츠(Ali Bulaç)는 메디나 협정의 열렬한 옹호자이다. 그는 메디나 협정을 서구식 민주주의의 대안으로 제시하면서 무슬림 공동체를 의미하는 '움마'를 메디나 협정에 따라 종교적 일치가 아니라 사회 구성원들 간의 합의에 기초한, 그리고 신앙과 혈통에 상관없이 함께하기를 원하는 개인들과 집단들의 연합에 토대를 둔 하나의 사회적 구조로 해석한다. 그는 거기에서 한 걸음 더 나아가 그러한 구조가 적용되기 위해서 반드시 이슬람이 국가를 지배해야 할 필요가 없다고 본다. 그러면서 그는 메디나 협정을 현대적으로 적용할 때 레바논과 발칸반도에서 발생하는 종교적 분쟁과 터키를 비롯한 이슬람 국가들의 내부에서 발생하는 충돌과 혼란을 종식시킬 수 있을 것이라고 주장한다.[34]

지금까지 살펴본 이슬람식 다원주의 모델에 대한 논의는 두 가지 점에서 중요한 의미를 갖는다. 첫째, 당장 실제적인 결과를 얻을 수 없다고 하더라도 이러한 논의를 통해 이슬람의 원리와 역사적 전통 안에서 서구의 다원주의에 상응하는 이슬람적 다원주의의 대안에 접근해 갈 수 있다는 점이며, 둘째는 이러한 논의가 무슬림 대중들의 인식의 변화를 이끌어 낼 수 있다는 점이다. 지난 20년 동안 언론을 통해 공개적으로 이루어진 신오스만주의와 메디나 협정에 대한 활발한 논의는 터키 무슬림 대중에게 다원화 사회를 지향하는 것이 이슬람의 원리나 전통에 위배되는 것이 아니라 오히려 이슬람의 가르침과 일치하는 것이라는 인식을 지속적으로 증가시켰다.[35] 오늘날 터키

34 Bulaç, "Medine Vesikası Hakkında Genel Bilgiler," 110.

35 서론에서 인용한 2017. 7. 10의 Pew 보고서에 의하면 민주주의를 선호한다고 응답한 터키인의 비율이

무슬림들이 다원주의에 대해 이전보다 더 긍정적인 생각을 가지고 있다면 그것은 이슬람 지도자들의 활발한 논의가 만들어 낸 결과임에 틀림없다. 터키는 국민의 절대 다수가 무슬림이지만 이슬람의 원리를 벗어나지 않으면서 서로의 권리와 자유를 인정하고 함께 살아갈 수 있는 사회를 만들어 가는 것이 가능하다는 것을 보여 주기 위해 노력 중이다.

이 점에서 터키 무슬림들이 충돌과 분열로 혼란을 거듭하고 있는 이슬람 국가들과 무슬림들에게 주는 메시지는 분명하다. 그것은 끊임없는 충돌과 혼란의 악순환 대신 종교적, 인종적 문화적, 이념적 차이를 서로 포용하고 함께 살아가는 방법을 모색해야한다는 것이다. 또한 그러한 이슬람적 다원주의 사회에 대한 모델은 서구나 다른 곳에서가 아니라 이슬람의 가르침과 전통 그리고 역사적 경험에서 찾아낼 수 있어야 한다는 것이다.

VI. 나가는 글

이슬람 세계에서 터키 이슬람이 가지고 있는 경험은 독특하다. 오스만 제국의 폐허 위에서 시작하여 민주정치의 확고한 기틀을 다지고 자본주의 세계시장에서 경쟁할 수 있는 경제적 성공을 거두고 있다. 그리고 문제가 없는 것은 아니지만, 다른 이슬람 국가들에 비해 인종적, 종파적, 이념적 갈등도 잘 극복해 나가고 있다. 그러면서도 국민들의 절대 다수가 신실한 무슬림으로 자부하고 있다. 터키 무슬림들은 자신들이 이룬 그러한 성취가 이슬람의 원리를 떠나거나 포기하지 않으면서 현대의 정치, 경제 그리고 사회제도를 수용한 결과라고 믿고 있다. 터키 무슬림들은 자신들이 이룬 그러한 성취를 "현대의 이슬람화," "이슬람식 민주주의," "이슬람식 다원주의" 등과 같은 용어로 표현한다.

2011년 66%에서 2012년에는 71%로 5% 증가하였다. 동일한 기간 파키스탄에서 응답률은 변화가 없었으며(42%), 이집트에서는 오히려 4%가 감소하였다. 이집트에서의 감소는 이슬람 형제단의 집권으로 오히려 혼란이 증가하면서 삶이 더 어려워 졌기 때문일 것으로 생각된다.

터키 이슬람의 경험은 혼란의 소용돌이에 휩싸인 이슬람 국가들과 신앙과 현실의 부조화 속에서 살아가는 무슬림들에게 출구가 될 수 있는 모델을 제시한다. 그 때문에 이슬람 국가들과 무슬림 지도자들과 무슬림들을 이웃으로 두고 살아가는 사람들도 터키를 주목하고 있다. 물론 터키 이슬람이 보여 주는 모델이 역사적 정황과 이슬람에 대한 다른 해석의 전통을 가지고 있는 이슬람 국가나 사회에도 적용이 될 수 있을 것인가 하는 질문은 남아있다. 그럼에도 오늘날 자신들이 겪고 있는 분쟁과 테러 그리고 독재와 빈곤의 악순환을 끊어 버리고 평화와 조화 가운데 살아가려고 하는 무슬림들에게 터키보다 더 낳은 대안을 보여줄 수 있는 나라는 없다.

터키 이슬람이 급변하는 이슬람 세계에서 할 수 있는 다양한 역할들이 있을 것이다. 그 가운데 가장 중요한 역할은 다른 무슬림들에게 이슬람의 원리와 전통을 떠나지 않으면서 현대와 조화를 이루어 살아갈 수 있다는 것과, 그리고 그것이 이슬람을 위해 무슬림들이 할 수 있는 최선의 봉사라는 것을 증명해 보이는 것이라고 생각한다.

● 참고문헌

김성운. 『형제의 나라 터키 이슬람 들여다보기』. 서울: 글마당, 2013.

Bahadıroğlu, Yavuz. *Osmanlı Demokrasisinden Türkiye Cumhuriyetine*. Istanbul: NesilYay nları, 2010.

Bulaç, Ali. "Medine VesikasHakkında Genel Bilgiler," *Birikim*, Haziran-Tammuz,(1992): 102-111.

Cosan, Esad. *Yeni Dönemde Yeni Görevimiz*. Istanbul:Seha,1993.

İlhan, Halit. "Bağımsızlığa Teşvik Etmi tir," *Islam*, Kasım, 1992.

Insel, Ahmet. "Totaliterizm Medine Vesikası ve Özgürl0ptk," *Birikim* (May, 1992): 29-32.

International Business Times. *Arab nations may look to Turkey and Indonesia as modern Islamic states*, (March 1, 2011). http://www.ibtimes.com/arab-nations-may-look-turkey-indonesia-models-modern-islamic-states/ (accessed Oct. 8, 2014).

Karaman, Hayreddin. *Laik Düzende Dini Yaşamak, Istanbul*. Istanbul: Iz Yayıncılık, 1997.

Mardin, Serif. *Religion and Social Change in Modern Turkey: The Case of Beduzzaman Said Nursi*. New York: State University of New York Press, 1989.

NPR. *The Turkish Model: Can It Be Replicated?* (Jan. 1, 2012). http://www.npr.org/2012/01/06/144751851/the-turkish-model-can-it-be-replicated/ (accessed Oct. 8, 2014).

Nuri, Öztürk,Yaşar. *Yeniden Yapılanmak*. Istanbul: Yeni Boyut Yayınları, 1998.

Pew Research Center. *Most Muslims Want Democracy, Personal Freedom, and Islam in Political Life*, (July. 2012). http://www.pewglobal.org/2012/07/10-most-muslims-want-demo-cracy-personal-freedoms-and-islam-in-political-life/ (accessed Oct. 1, 2014).

Pew Research Center. *The World's Muslim:Religion, Politics and Society*, (April, 2013). http://www.pewforum.org/2013/04/30/the-worlds-muslims-religion-politics-society/ (accessed Oct. 1, 2014).

Radikal. *Sudan Türkiye'yi örnek alsın,* (Oct. 8, 2009). http://www.radikal,com.tr/yorum/sudan_turkeyyi_ornek_alsin-949046/ (accessed Oct. 1, 2014).

The Woodrow Wilson Center. *Turkey: the New Model?*, (April 4, 2012). http://www.brookings.edu/reserch/papers/2012/04/24-turkey-new-model-taspinar/ (accessed Oct. 8, 2014).

Yılmaz, Veli. "İslamiyet 'te Demokrasi ve Medine Sözleşmesi," Özgür Gündem, (9.1. 1993).

http://www.cnnturk.com/haber/turkiye/erdogandan-balkon/konusmasi (accessed Oct. 8, 2014).

한국 거주 무슬림의 기독교로의 회심 연구 -인도네시아, 이란 무슬림의 사례[1]

한권식*

Ⅰ. 서론

Ⅱ. 연구대상: 한국 거주 인도네시아 및 이란인 회심자 32명

Ⅲ. 인도네시아 무슬림의 기독교로의 회심 요인

Ⅳ. 이란 무슬림의 기독교로의 회심 요인

Ⅴ. 결론

* 한국선교연구원(KRIM) 현장연구원

1 본고는 저자의 Ph. D. 논문 "Conversion of Iranian and Indonesian Muslims in South Korea to evangelical Chrishianity," Ph. D. diss., (Torch Trinitiy Graduate School, 2012)의 일부를 근거로 하여 쓰여진 것이다.

● ABSTRACT

Kwon-Shik Han

This study explores and analyzes conversion to Evangelical Christianity among Indonesian and Iranian Muslims living in South Korea. The large influx of foreigners coming into Korea has been one of the prominent features of Korean society since the early 1990s. A large proportion of the immigrants are Muslims who come from Islamic states or Muslim-majority countries. Under these new circumstances, Korea gradually has become spiritual war field between Islam and Christianity. In this context, some Muslims have converted to Evangelical Christianity while living in Korea. Why do Muslims in Korea convert to Christianity, even though this puts their lives at risk? To answer this question, this study explored the conversion of 11 Indonesian Muslims and 21 Iranian Muslims to Evangelical Christianity in South Korea and analyzed the factors of their conversions from socio-cultural, doctrinal, and experiential perspectives in order to better understand these two groups of Muslims in Korea.

The primary method for the research was grounded theory, a qualitative research method designed to aid in the systematic collection and analysis of data and building of theories. The researcher conducted interviews with the 32 converts and translated all the interviews into English. The 471-page manuscript of the transcripts was the primary sources of analysis; information from pastors and missionaries who knew the individual converts was also referenced.

This study found that Indonesian and Iranian Muslims in Korea began to attend church in order to resolve their suffering, difficult lives in Korea, and problems in international marriages. After attending one or more Christian churches, these Muslims who were embedded in Muslim culture evaluated the Christian culture through the lenses of their own cultures and traditions, and decided to convert to Christianity. Indonesian Muslims accepted Jesus through an intuitive inner feeling (in Indonesian, *rasa*), and some considered accepting the new faith because of practical help it offered in their daily lives. In contrast, Iranian Muslims turned to the Christian faith through their traditional truth seeking (in Iranian, *Haq ju*), and some changed their religious position after supernatural experiences.

This study proposes that conversion of Indonesian and Iranian Muslims to Evangelical Christianity in Korea have particular pattern of process: context, encounter, evaluation, and transformation, according to their culture and tradition. Indonesian converts have intuitive approach to Christianity, and turn to Christian faith through affective conviction of the gospel. While Iranian converts have rational approach to Christian faith and accept the gospel through their evaluation of Christian truth.

In this critical time of international migration, these findings about Muslim conversions will contribute to bring the gospel to Muslims who live in Korea with a deeper understanding of the potential converts and also offers missiological direction to world Christian communities. The study recommends tracing the converts' lives after their return to their home-lands.

● Key words

Evangelical Christianity, Iranian Muslims, Indonesian Muslims, Context of South Korea, Conversion

Ⅰ. 서론

한국에 오는 이주민 무슬림 인구는 한국 기독교계에 복음전파의 새로운 기회가 되기도 하고, 이슬람권에는 이슬람 선교의 기회로 활용되기도 한다. 1990년 대 초반부터 한국에 많은 외국인들이 이주하기 시작하여 2013년말 기준으로 한국 내의 외국인 총수는 158만여 명으로 전체인구의 3.2%를 차지한다.[2] 2013년 12월 현재 OIC(Organization of Islamic Cooperation, 이슬람이 국교이거나 주요 종교인 국가의 연합체) 57개국 출신자 12만 8678명이 한국에 체류하고 있다.[3] 이 OCI 국가 중 국내에 1만 명 이상 체류외국인의 출신국가는 인도네시아, 우즈베키스탄, 방글라데시, 파키스탄이다.[4] 일반적으로 기독교계의 사정이 외부에 잘 알려진 것에 비해서, 국내 거주자가 계속 증가하는 무슬림들의 실체는 거의 알려 지지 않고 있어서 마치 블랙박스와 같이 남아 있다. 그들을 알고자 접근하면 그곳에 언어와 종교적 장벽이 있음을 깨닫게 된다.

이 같은 이주 현상 속에서 일부 무슬림들이 한국에서 기독교로 회심하는 상황이 발생하였다. 왜 무슬림들은 생명의 위험을 무릅쓰고 기독교로 회심하려는가? 이 질문에 대해 실증적 답을 구하기 위하여 국내 거주 무슬림들이 기독교로 회심하는 과정을 추적하고 회심 요인을 규명하는 것이 본 연구의 목적이다. 실제 연구를 위해서 국내 거주 무슬림 중 회심자가 가장 많은 두 그룹인 인도네시아와 이란 회심자를 연구대상으로 삼았다.

본 연구에서 회심(conversion)이란 이슬람에서 복음주의 기독교(Evangelical Christianity)로 종교를 변경하는 것으로 정의한다. 그리고 회심자(convert)는 과거에 무슬림이었다가 한국에 와서 기독교로 회심한 사람으로서 한국에서 세례를 받은 사람으로 한정하였다. 따라서 본국이나 제3국에서 기독교로 회

2 법무부 출입국 외국인정책본부 통계 (2013. 12. 31)

3 FIM국제선교회 '크리스천을 위한 이슬람 세미나' 『국민일보』, 2014.10.30

4 법무부 출입국 외국인정책본부 통계 (2013. 12. 31)

심한 자는 연구대상에서 제외시켰다. 회심의 진정성은 검증하기 어려운 문제이므로 회심자를 돌보거나 관리하는 목회자가 추천한 인물로 제한하였다.

연구자는 2009년부터 세계 최대의 무슬림 국가인 인도네시아에 관심을 갖게 되었다. 2006년과 2007년에 중동지역으로 선교여행을 하면서 현지 선교사들로부터 무슬림을 2년에 한 명도 회심시키기 어렵다는 이야기를 듣게 되었다. 그러나 디아스포라 무슬림들은 본국과는 다르게 가족과 친지, 종교적 규제로부터 자유로우므로 복음을 전달할 기회가 더 많을 것으로 이해되었다. 인도네시아는 국내에 최대의 무슬림 인구를 보유하고 있고, 6개 종교를 공인하는 나라이며, 중동의 이슬람국가보다 율법이 덜 엄격하고, 한국과 경제교류를 확대 중이면서 문화적 다양성도 갖고 있어서 연구자에게 매력적인 선교대상 국가로 다가왔다.

실제 연구 수행을 위하여 연구 기준에 맞는 대상자를 전국적으로 수배하였으나 인도네시아 회심자는 10여 명에 불과하였다. 질적 연구에 필요한 연구대상자가 최소 30명 이상은 되어야 한다는 자문을 받고, 추가로 다른 이슬람국가에서 회심자를 찾다가, 이란인이 국내 거주 인구(1,360명)가 적은데도 20명 이상의 회심자가 있음을 확인하였다. 그리하여 최종적으로 인터뷰를 실시한 회심자는 인도네시아인 11명, 이란인 21명으로 총 32명이었다.

회심에 대한 다양한 연구 성과 중 연구자는 20여 개의 회심이론을 집중검토하였다, 대표적인 이론은 더들리 우드베리(Dudley J. Woodberry)의 6가지 핵심 회심 요인, 종교간 개종의 세계적 학자 루이스 램보(Lewis Rambo)의 회심의 7단계설, 알렌 티펫(Allen Tippet)의 회심의 3단계 시기설, 리처드 피스(Richard Peace)의 통찰, 전환, 변환에 의한 3단계설 등이 있다. 그러나 본 연구에서 가장 많이 참조한 자료는 핀란드 선교사 세포 시르야넨(Seppo Syrjänen)이 1984년에 발간한 『의미와 동질성의 탐구: 파키스탄의 무슬림 문화 속에서 기독교로 회심』(*In Search of Meaning and Identity: Conversion to Christianity in Pakistani Muslim Culture*)이라는 저서였다. 연구자는 이 책을 미국 뉴욕 맨하튼 유니온신학교 버크 도서관(Burke Library of Union Theological Seminary)의 깊은 서고에서 발견하였다. 파키스탄 회심자 36명을 인터뷰하고 분석한 결과를 의미와 동질성에 초점을 맞추어서 연구한 이 책자를 본 논문에서 가장 많이 참고하였다.

본 연구의 제한사항은 연구가 한국에서 실시된 관계로 한국적인 편견이 연구 내용 중에 있을 수 있음을 양해하여 주기 바란다. 회심자들의 각기 다른 문화도 충분히 고려하지 못할 수 있었다. 특히, 인도네시아 회심자는 연구대상자가 11명뿐이어서 다양한 인도네시아의 특성을 대표하는 회심 요인이었을까 하는 우려도 있다. 그러나 본 논문은 회심자 32명의 인터뷰 내용을 근거로 분석한 연구 결과임을 밝혀 둔다.

II. 연구대상: 한국 거주 인도네시아 및 이란인 회심자 32명

본 연구의 회심자는 연구대상자 중에서 샘플링 한 것이 아니고 연구자가 국내에서 찾을 수 있는 최대한의 회심자들 이었다. 국내에서 무슬림에서 기독교로 회심하면 교회 내에서 알려지게 되므로, 많은 회심자가 숨겨진 상태로 계속 남아있을 확률은 낮다고 본다. 신분노출에 따르는 위험 때문에 인터뷰를 거부할 수는 있으며, 본 연구에도 그러한 회심자가 3명 있었다. 본 연구를 돕기 위하여 인터뷰에 참여한 인도네시아와 이란 회심자 32명의 인적 사항은 아래 표1과 같다.

1. 인도네시아, 이란 회심자의 인구통계

표1. 인도네시아, 이란 회심자 데이터

구분	인도네시아 회심자 (11명)		이란 회심자 (21명)	
회심자 성별	남성	4	남성	18
	여성	7	여성	3
한국 내 총거주자	남성	30,760	남성	1,145
	여성	6,211	여성	215
	인도네시아인 합계	36,971	이란인 합계	1,360

종족별	자바(Javanese)	8	페르시안(Persian)	7
	빠당(Padang)	1	길라키(Gilaki)	11
	람뿡(Lampung)	1	아제리(Azeri)	1
	브따위(Betawi)	1	탈레쉬(Talesh)	1
	-		로르(Lor)	1
이슬람 종파	NU(Nahdlatul Ulama)	7	시아파(Shiite)	20
	무함마디야 (Muhammadiyah)	3	쉬미터파(Shimitter)	1
	민속이슬람(Folk Islam)	1	-	
본국에서의 학력	중학교	2	중학교	3
	고등학교	7	고등학교	9
	1년제 전문학교	1	2년제 전문학교	7
	4년제 대학	1	4년제 대학	2
한국 내 직업	노동	7	노동	7
	주부	3	전도사	4
	다문화센터 교사	1	신학생	2
	-		영어교사	3
	-		자영업자	2
	-		기타	3
평균나이	33.9 세 (28 ~ 40세 사이)		38.5 세 (28 ~ 53세 사이)	
한국 거주기간	8.2 년 (최소 4년 ~ 최장 15년)		10.9 년 (최소 3년 ~ 최장 19년)	

기준: 2011.12.31

한국에 거주하는 인도네시아 회심자 11명 중 남성 4명, 여성 7명으로 여성이 더 많다. 여성 7명 중 4명은 한국남성과 결혼한 무슬림 여성이다. 제일 먼저 궁금한 것은, 인도네시아가 국내 최대의 무슬림 인구 보유국인데 회심자, 특히 남성회심자가 적은 이유는 무엇일까? 그 이유는 대략 다섯 가지로 요약할 수 있다. 첫째, 인도네시아 남성에게는 회심보다는 가족과의 관계유지가 훨씬 중요하기 때문이다. 이들은 기독교로 회심해서 가족들과 갈등 갖기를 원하지 않는다. 둘째, 종교는 일반 인도네시아인에게 생활에 아주 중요하지 않기 때문이다. 어떤 종교든 갖고 있으면 그만이고, 회심과 같은 위험을 감내할 필요가 없다는 생각이다. 특별히 자바인들은 어떻게 지금 잘 살고, 예의 바르게 행동하고, 남들과 조화롭게 사는 것이 종교보다 더 중요하다고 생각한다. 셋째, 한국 내 인도네시아 교회들이 인도네시아 무슬림들과의 접촉점을 잃었기 때문이다. 한국정부에 의해 이주민센터가 잘 운영되고 있으며, 한국 내 이슬람성원이 전국에 9개 있고 외국인 무슬림 노동자들이 몰려오면서 그들만의 예배와 모임공간인 무살라(*Musallah*)가 전국적으로 70여 개에 이르고 있다.[5] 인도네시아 무슬림연합(IKMI, Ikatan Muslim Indonesia) 같은 조직들이 무슬림들이 필요한 문제를 해결해 주므로, 더 이상 그들은 교회를 찾을 필요가 없어졌다. 넷째, 한국 내 인도네시아인들이 한국 생활을 자유롭게 즐기고 싶어하기 때문이다. 모처럼 일이 없는 주말에는 다양하게 한국 생활을 즐기고 싶어한다. 교회에 나가서 개인적인 즐거움을 희생하지 않으려 한다. 다섯째, 한국 교회가 인도네시아 무슬림에 대해서 잘 모르고 적극적으로 선교하지 않기 때문이다.

인도네시아 회심자를 종족별로 보면 자바족이 8명, 나머지 파당(Padang)족, 람풍(Lampung)족, 브따위(Betawi)족이 각각 1명씩 이다. 인도네시아 이슬람을 대표하는 두 거대 단체로 "3천5백만 명 회원의 전통적 수니파인 NU(Nahdlatul Ulama)"와 "2천9백만 명 회원의 진보적 이슬람을 추구하는 무함마디야(Muhammadiyah)"가 있다. 인도네시아 회심자 중 7명은 NU, 3명은 무하마디야 소속이었고 나머지 1명은 민속이슬람이었다. 한국 내에서의 직업은 노동 7명, 주부 3명, 다문화센터 교사가 1명이었다. 회심자들의 평균나이는 33.9세, 한국체류기간은 8.2년 이었다.

반면에, 이란 회심자 21명 중 남성은 18명, 여성은 3명 이었다. 한국에서의 직업은 노동(7명), 전도사(4명), 신학생(2명), 영어선생(3명), 사업가, 주부 순이다. 특이하게 6명이 기독교지도자였다. 종족 별로 보면 페르사안 7명, 길라키 11명, 기타 아제리, 탈레쉬, 로르가 각각 1명씩이다. 길라키 출신이 가장 많은 이유는 이 지역이 유럽과 테헤란의 중간에 위치해서 서구문물에 일찍 노출되었고 길라키 사람들이 개방적이기 때문이다. 이슬람종파는 시

5 이희수, 『이희수교수의 이슬람』. (파주: 청아출판사, 2014), 405.

아파 종주국답게 1명을 제외한 20명이 시아파였다. 이란 회심자의 평균연령은 38.5세 이고 한국체류기간은 10.9년으로 10년 이상 장기체류자가 13명 이었다.

1. 연구 방법론

연구 방법은 사회과학연구 방법론인 근거이론(Grounded theory)[6] 을 채택하였다. 근거이론은 연구를 진행할 때 사전에 어떤 가설을 세우지 않고 실제현장(field)에서 확인된 데이터를 '근거'로 이론을 만들어 내는 질적 연구(qualitative research) 방법론의 하나이다. 회심이 왜 발생했는지 연구 전에는 알 수 없고 회심자들의 증언을 분석한 후에야 이유를 알 수 있는 주제이므로, 이런 경우에 적합한 근거이론을 채택하였다. 연구는 4단계로 수행되는데, 먼저 조사한 내용을 정리하여 코드를 생성하고, 출현빈도가 높거나 비슷한 코드를 모아서 개념을 만든다. 그 후 유사한 개념을 모아서 카테고리를 형성한 후 연구주제에 맞게 카테고리를 수집 정리하여 최종적으로 이론을 만들어 가는 과정이다.

근거이론에서 질문은 매우 중요하다. 어떤 질문을 하느냐에 따라 답변이 결정되므로 질문은 신중하게 준비되어야 한다. 본 연구에서는 무슬림회심에 대하여 광범위한 조사를 수행한 풀러신학교의 우드베리교수가 전 세계 무슬림들을 대상으로 디자인한 질문지를 기반으로 이를 연구에 맞게 조정하였다. 또한, 우드베리의 질문지는 양적(quantitative) 질문이므로, 이를 질적(qualitative) 질문으로 바꾸었다.[7] 효율적인 질문을 위하여 사회-문화적(Socio-cultural), 교리적(Doctrinal), 경험적(Experiential) 관점을 갖고 질문을 하였다. 각 관점 밑에는 12개의 실제 질문이 있고, 또 다른 질문지에서는 개인적인

6 바니 글레이서(Barney Glacer)와 안셀름 스트라우스(Anselm Strauss)에 의해 1967년에 개발된 사회과학연구에 유용한 질적 연구 방법론.

7 David H. Greenlee, *From the Straight Path to the Narrow Way* (GA, USA: Authentic Media, 2006), 306-313.

신상정보와 회심을 한 시기와 장소를 기술하도록 설계하였다.

연구에서 가장 중요한 수단은 심도 있는 인터뷰였다. 인터뷰는 비밀이 보장된 장소에서 회심을 도운 담임 목회자와 함께 진행하였는데 필요 시 목회자들은 통역을 도와 주었다. 인터뷰 시 사용언어는 인도네시아인과는 한국어 또는 인도네시아어를, 이란인과는 한국어, 영어, 이란어를 상황에 맞게 사용하였다. 모든 인터뷰내용은 영어로 번역하여 471페이지 분량의 책자(*Transcripts of Iranian and Indonesian Converts in South Korea*)로 제작하였다. 회심자들의 안전을 위하여 책자내용은 비밀리에 보관되고 있다. 이 별도 책자가 본 연구의 1차 자료이며, 그밖에 전담 목회자의 의견, 선교사의 조언, 연구자의 참여자 관찰, 관련 서적과 인쇄물 등이 연구의 2차 자료였다.

회심자들의 비밀보장을 위해서 모든 회심자에게는 코드를 부여했다. 인도네시아 회심자는 'D'(INDONESIA)로, 이란 회심자는 'R'(IRAN))로 표기하였다. F는 여성회심자를 의미하고 남성회심자에게는 별도의 표시를 하지 않았다. 예를 들면, R/11F는 이란의 여성회심자를 뜻한다. 숫자는 인터뷰한 순서이다. 인도네시아 회심자는 D/1 ~ D/11, 이란 회심자는 R/1 ~ R/21로 인식코드를 각각 부여하였다.

Ⅲ. 인도네시아 무슬림의 기독교로의 회심 요인

1. 인도네시아인의 문화, 역사적 배경

1) 다민족과 다양성의 국가

인도네시아는 총 17,508개의 크고 작은 섬으로 구성된 세계 최대의 도서국가이며, 인구가 240백만명으로서 중국, 인도, 미국에 이어 세계 4위의 인구대국이다. 인도네시아는 세계적인 다종족국가로서 자바(Java)족과 순다(Sunda)족을 필두로 하여 바탁(Batak)족, 아체(Aceh)족 등 300여 종족이 제각기 고유한 문화적 바탕을 토대로 타 종족과 서로 다른 언어, 종교, 관습을 가지고 있다. 인도네시아가 '다양성 속의 통일성'을 국가 이데올로기로 하는 이유는 여기에 있다.[8]

인도네시아는 천혜의 자연조건으로 풍부한 식량자원을 가지고 있다. 연3모작이 가능한 농업과 각종 열대과일 등으로 이곳 사람들은 먹고 사는 경제활동에 얽매이지 않고 자연스럽게 생활하며 성격이 대체로 온순하다. 인구, 국토, 자원 대국인 인도네시아 국민들은 전통적으로 대국적인 기질을 가지고 있다. 그래서 다정다감하고 매사에 여유가 있으나 자존심이 상하면 물불을 가리지 않고 거칠게 반응한다. 남을 간섭하지 않고 남의 간섭 또한 받기를 싫어한다. 그러나 전체적으로 만장일치와 화합을 중요시 한다.[9]

인도네시아에서 가장 큰 종족은 자바족(42%) 이다. 대통령을 비롯하여 사회 지도층 인사들은 대개 자바 출신의 사람들이다. 자바인들은 역사와 문화의 중심지인 자바가 인도네시아를 대표하고, 그들이 그중심에 있다는 자부심을 가지고 있다. 자바인들은 겸손하고 상대방을 존중하며, 감정 없는 표현과 사려 깊은 판단을 하는 것이 특징이다. 이들은 작은 소리로 속삭이듯 말하며, 서로 이견을 표출하며 다투는 일이 없다.[10] 자바족을 포함한 인도네시아인들이 가장 많이 쓰는 표현은 "산따이 사자"(*Santai saja*) 이다. 이는 '긴장을 풀어라'(relax) 또는 '스트레스 받지 마라'(Do not be stressful) 이라는 의미로 여유롭고 느긋한 인도네시아인들의 특징을 알 수 있다.

인도네시아는 자바원인부터 시작되는 매우 긴 역사를 갖고 있으나 사료는 거의 찾아 보기 힘들다. 서기 2세기 초, 인도네시아 군도와 동남아 여러 지역에 세련된 인도 문화가 유입되기 시작하였다. 인도문물을 도입한 이유는 산스크리트(Sanskrit) 문자와 장엄하고 호화스러운 종교 의식, 건축과 조선술 등과 같이 통치자들이 보다 많은 영토와 무와 권위를 축적하는데 필요

8 양승윤, 박제봉, 김긍섭, 『인도네시아 사회와 문화』 (서울: 외국어대학교출판부, 1997), 2.

9 양승윤, 『인도네시아사』 (서울: 대한교과서, 2005), 12.

10 양승윤, 『인도네시아사』, 13.

한 지식을 인도 문화를 통해서 얻을 수 있었기 때문이다.[11]

힌두교와 불교의 유래에 대해서 인도네시아 선교사 이규대는 "주 후 1세기와 2세기에 인도상인들이 힌두교 신앙을 가지고 왔다. 힌두 신앙과 문화는 6세기부터 14세기까지 강력한 힌두 왕국 안에서 발전하였다. 6세기, 7세기 그리고 9세기에는 힌두교가 불교와 함께 동시에 존재하였다."[12] 라고 설명하였다. 14세기와 15세기에는 힌두-불교문화의 마자빠힛(Majapahit)왕국이 크게 부흥하였다. 마자빠힛 시기의 광대한 영토가 여러 종족과 지역으로 나누어진 인도네시아가 오늘날 같은 크기의 모습으로 다시 통합할 수 있게 하는 기초가 되었다.[13]

1) 이슬람의 전래와 인도네시아의 이슬람화

이슬람의 전래는 인도네시아 역사에서 가장 중요한 사건 중의 하나이지만 또한 가장 모호한 과정이기도 하다. 이슬람이 인도네시아 군도에 전래된 것은 성전이나 무장한 반란군에 의해서가 아니라, 동양의 주요 무역항로에 따라 전개된 평화로운 경제 영역의 확대에 의한 것 이었다. 이슬람의 전래가 평화적이었던 가장 중요한 이유는 풍요로운 자연환경이 만든 양호한 '종교적 토양' 이었다. 이슬람은 11세기 이래로 힌두, 불교를 바탕으로 인도문화와 공존하면서 인도네시아군도와 동남아의 여러 지역에 자리를 잡았다. 13세기 말경 이슬람은 수마트라 북부에 정착하였고, 14세기 말에는 말레이반도 북동쪽과 필리핀 남부의 술루열도와 자바 동부의 몇몇 지역에, 그리고 15세기에는 말라카와 말레이반도의 다른 지역에 정착하였다.[14]

이슬람이 당시 인도네시아에 뿌리 깊은 정령숭배(animism)와 강력한 영향

11 양승윤, 『인도네시아사』, 23.

12 이규대, "인도네시아 이슬람 이해", (서울: 장로회신학대학교, 2009), 5.

13 Yohanes Praptowarso (May 22, 2012), 마자빠힛왕국 [interview by Kwon-Shik Han, Seoul, Korea].

14 양승윤, 『인도네시아』, 37-40.

력의 힌두교와 불교를 뛰어 넘어서 인도네시아 군도를 이슬람화 시키고 최대의 종교가 된 것은 심층연구가 필요한 분야이다. 이에 대한 하나의 학설은 자바의 '왈리송오' (*Wali Songo*)의 역할이라는 주장이다. *Wali Songo*는 아랍어인 *Wali*(성인)와 자바어인 *Songo*('9' 라는 뜻)의 합성어이다. 즉, '9인의 성인' 이라는 뜻이다.[15] 이 9인의 이슬람성인이 15-16세기에 자바의 오랜 예술과 전통을 새로운 종교인 이슬람에 접목시켜서 자바인들이 저항 없이 이슬람을 받아들이게 하고 자바의 이슬람화에 기여했다는 설이다.[16] 다른 학설은, 자바 북부 해안 왕국의 통치자에 의해 수용된 이슬람이 왕국의 정치적 영향력 확대에 따라 대중에게 확산되어서, 단기간에 걸쳐 자바의 이슬람화가 이루어졌다는 설이다.[17] 이슬람은 일단 한 지역에 정착하게 되면 다산, 결혼, 개종의 제도를 통해서 시간의 흐름에 따라 무슬림의 수가 기하급수적으로 늘어나게 되는 구조의 종교라고 연구자는 생각한다.

반면에, 가톨릭은 포르투갈인들이 1511년에 말루카 제도에 상륙한 이후 인도네시아군도의 동부 일부 지역에 전파된 후 정착되었다.[18] 1602년에 네덜란드는 동인도회사를 세우고 인도네시아에 대한 지배를 본격화하여 자바, 수마트라, 말루카 제도에 대한 식민지 지배권을 획득하였다. 1942년 일본에 패망할 때까지 네덜란드는 300년 이상 인도네시아를 식민지배 하였다. 네덜란드는 기독교를 인도네시아에 보급했지만 식민정책에 종속된 관계였으므로 자유롭게 복음을 전하지는 못했다. 그리고 일본의 인도네시아에 대한 식민지 지배는 1942년 3월부터 시작되어 1945년 8월 17일 일본이 연합군에 항복할 때까지 지속되었다.[19]

이렇게 인도네시아의 독립은 이루어졌으나 네덜란드가 다시 인도네시

15 Justine Vaisuitis, *Indonesia* (Hong Kong: Lonely Planet Publications, 2007), 63.

16 Sejarah Indonesia (Indonesian history) http://www.gimonca.com/sejarah/walisongo.shtml (accessed Nov. 7, 2014).

17 김형준, "이슬람의 유입과 자바 무슬림의 능동적 대응" 동남아시아연구 21권 2호(2011): 155-182.

18 양승윤, 『인도네시아사』, 84.

19 양승윤, 『인도네시아사』, 135-150.

아를 지배하고자 1946년 11월부터 개입하면서 인도네시아와 네덜란드 사이에 전쟁이 계속되었다. 이 불안정한 시기에 여러 세력으로 나누어진 인도네시아가 네덜란드에 대항하기 위해서 단합한 역사를 갖게 되었다. 결국 미국의 개입으로 1949년 12월에 네덜란드가 물러가면서 인도네시아의 완전한 독립이 이루었다.[20] 한편, 네덜란드와의 기나긴 독립전쟁에서 이슬람세력은 주도적인 투쟁을 감당하였으나 기독교계는 독립에 소극적으로 대응한 점이 오늘날까지 반기독교정서의 원인 중 하나가 되고 있다.

인도네시아는 국가적으로 6개 종교를 공식적으로 인정하고 있다. 그 종교는 이슬람, 힌두교, 불교, 유교, 가톨릭, 개신교 이다. 인도네시아 종교의 통계는 공식적이던 비공식적이던 실제와는 차이가 크지만 이슬람 80.3%, 기독교는 개신교와 가톨릭을 포함하여 15.6%로 나타났다. 오랜 전통의 힌두교는 1.3%, 불교는 0.4%로서 미약한 상태에 있다.[21]

1. 현실적 삶을 중시하는 인도네시아 무슬림의 회심 요인 분석

인도네시아 무슬림 11명의 회심 요인을 회심자가 부딪친 사회문화적 환경, 교회를 출석하게 된 계기와 교리적인 쟁점, 그리고 개인으로 겪은 신앙적 경험을 분석하여 회심의 과정을 추적하였다. 인도네시아 회심자 중 이주노동자 그룹은 7명, 국제결혼그룹은 4명이었다.

1) 환경: 이주노동자 그룹과 국제결혼 그룹의 차이점

'이주노동자 그룹'은 회심자 11명 중 7명이고 이 중 3명은 여성이다. 이들은 돈을 벌려는 강한 욕구를 갖고 한국에 왔다. 잉여노동경제국(surplus labor

---

20 Justine, *Indonesia*, 44-45.

21 Jason Mandryk, *Operation World: Seventh Edition* (Colorado Springs, CO. USA: Biblica Publishing, 2010), 447.

economy)이라 불리는 인도네시아는 실업자가 많다. 이들은 벌이가 된다면 어디든지 갈 수 있고 한국도 예외가 아니다. 한국은 여성가사노동자 수입을 금하고 있어 남성이 이주노동자의 다수를 차지하고 있다.[22] 처음 한국에 왔을 때 인도네시아인들은 의사소통에 어려움을 겪는다. 문법이 쉽고 표현이 간단한 인도네시아어(Bahasa Indonesia)에 비해서 한국어는 경어가 많고 표현이 복잡해서 인도네시아인들이 배우기 매우 어려워한다. 인도네시아인들은 본국과는 다른 한국공장의 고되고 강도 높은 노동조건 때문에 너무 힘들어 한다. 빨리빨리 일하라고 하고, 낮에도 일하고 밤에도 일한다. 많은 공장이 토, 일요일에도 일을 하는 경우가 많아서, 개인시간이 늘 부족하다. 작업이 위험한 경우도 많다. 연구자가 방문한 김포의 한 공장은 면노날의 칼을 대량 생산하는 공장이었다. 작업 중 몸이 베이는 사고가 많아지자 한국인들은 대부분 떠나고 인도네시아 노동자들이 그 자리를 메워서 작업하고 있었다.

이주노동자인 인도네시아인들은 공장 근처의 기숙사에서 단체로 생활하는 경우가 보통이다. 점차 시간이 지나면서 이들은 환경에 적응하려고 축구, 배드민턴, 볼링, 음악 등 모임에 참여하기 시작한다. 축구를 좋아하는 무슬림들은 지역별로 축구클럽을 조직하여 봄과 가을에 전국적인 리그를 열면서 친선을 도모한다. 이를 통해서 이국생활의 어려움을 극복하고 건강도 유지하기 위해서 이다. 또 다른 중요한 목적은, 이들은 단체생활을 통해서 일부 무슬림들이 한국 교회나 선교사들과 접촉하는 것을 감시하기 위해서 이다.

일부 무슬림은 한국에 와서도 인도네시아 때와 같이 이슬람식으로 기도해야 하는지 회의심을 갖는다. 악착같이 돈을 벌어야 하는 이주노동자 그룹은 공장에서 해고 위험에 처하기도 하고 실제 해고되기도 한다. 직장에서 한국인 상사나 동료로부터 심한 욕을 듣거나 모욕을 당하면 큰 상처를 받는다. 체면을 중시 하는 인도네시아 문화에서는 상대에게 큰 소리로 말하거나 욕하는 것은 아주 관계를 끊을 때나 하는 극히 몰상식한 행동이기 때문이다.

22 전제성, 유완또. 『인도네시아 속의 한국, 한국 속의 인도네시아』. (서울: 이매진, 2013), 102.

그래서 인도네시아인들은 만약 인도네시아에서 그런 행동을 했다면 그런 가해자는 맞아 죽었을 것이라고 자기들끼리 얘기한다. 일부 무슬림들은 폭력행사, 과도한 음주, 나이트클럽 출입, 쾌락 추구, 범죄행위에 개입, 복수 이성과의 성적타락 등에 빠지기도 한다.

부산에 거주하는 D/10F는 장녀로서 어머니의 병세가 심각해서 자신이 돈을 벌어야 할 절박한 상태에서 한국에 왔다. 한 때, 어머니 병원비로 송금하려는 돈을 한국인에게 사기 당해서 매우 힘든 시간을 보내기도 했다. 대구의 D/9은 5살 때 어머니를 여의고 인도네시아에서 거칠게 자라다가, 돈도 벌고 태권도 기술도 연마하려고 한국에 왔다. 한번은 술집에서 싸우다가 한국인들에게 큰 상처를 입혔다. 자신을 체포하려는 한국경찰을 피해서 대구 한 교회의 쉼터에 피신해 있다가 복음을 받아들이게 되었다. 이런 이주노동자 그룹은 법적으로 기본 3년, 최장 5년간 한국에 체류할 수 있다. 이 기간이 지나서 귀국하지 않으면 불법체류자가 된다. 인도네시아인의 불법체류 비율은 15.5% (2011년 기준)으로서 상대적으로 높은 편은 아니다.[23]

'국제결혼그룹'은 한국인 남성과 결혼한 무슬림 여성으로서 한국에서 회심한 4명 이다. 법무부 출입국에 의하면 한국에서 인도네시아인과 국제 결혼한 수는 507명(2011년 기준)으로 남성 55명, 여성 451명 이다. 이들 인도네시아 여성 451명 중 4명이 회심자인데 이들에게는 "가족들과 겪는 갈등"이 주요 문제였다. D/1F는 한국인 남편에 대한 미움으로 가득 차 있었다. 그녀는 인도네시아 직장에서 만나 인도네시아에서 결혼하였으나, 한국에 와서야 나이차가 많이 나는 남편에게 이혼한 경력과 전처소생의 아들이 있음을 알게 되었다. 종교가 없는 남편은 지나치게 과음하고 수시로 교통사고를 일으켰고 수입도 불규칙하여서 생활은 늘 불안정했다. D/4F는 한국인 남성과 인도네시아에서 이슬람식으로 결혼하고, 한국에 도착한 후에야 병든 시어머니를 돌보아야 한다는 사실을 알았다. 아들을 낳은 후 40일간 면제되었던 이슬람식 기도(*salat*)를 다시 시작하려는데 이 기도가 어쩐지 공허하고 의미가

23 법무부 출입국 외국인정책본부 통계 (2011. 12. 31)

없이 느껴졌다. 그녀는 생활의 압력으로 인한 분노로 가득 찼고 이런 생활을 어떻게든 탈피해야 한다고 결심하고 있었다.

D/6F 역시 인도네시아의 한국계 회사에서 근무하다 지금의 한국인 남편을 만나서 2년 교제하고 결혼한 후 한국에 왔다. 독실한 무슬림인 D/6F는 매일 집에서 이슬람식으로 기도하고 라마단 때는 금식하고 돼지고기는 절대 먹지 않았다. 몇 년째 하는 이런 식의 한국 생활이 불편해지고 힘들어 졌다. 남편은 독실한 기독교인이었지만 교회에 가자고 강권하지 않았으나, 어느 날 불편해 하는 부인을 교회로 초청했다. 한국어를 배우고 한국인을 이해하기 위하여 교회에 다니기 시작한 D/6F는 교회생활에 재미가 들렸다. 2년간 교회에 출석한 후 어떤 느낌이 들은 후 복음을 받아들였다.

D/7F는 인도네시아의 이슬람대학에서 법학을 전공한 후 한국에 노동자로 왔다. 매주 일요일에는 이태원의 모스크에 가는 신실한 무슬림이었지만, 친구를 만나기 위해서 가끔 교회에 나가기도 했다. 어느 해에 허리에 큰 통증이 있어 병원에 갔으나 전혀 낫지 않았다. 누군가를 통해서 예수에게 치료의 능력이 있다는 말을 듣고 치료받기 위하여 교회에 출석했다. 하루는 목사님이 예수 믿을 사람 손 드세요 해서 번쩍 손을 들었다. 그 일 이후 그녀의 병은 서서히 낫기 시작하였다. 그 즈음 그녀의 노동 계약기간이 만료되어서 인도네시아로 귀국해야 할 상황이었다. 이때도 예수에게 한국인 남자 만나서 결혼해서 한국에서 살게 해달라고 기도했다. 이 기도도 응답되어서 같은 공장의 한국인 노총각과 결혼하게 되었다. 활발한 성격의 이 여성은 전도에도 열심이어서 D/1F를 전도하여 회심자로 만들기도 하였다.

2) 만남: 교회 문화 속으로 들어감

이주노동자 그룹이던 국제결혼그룹이던 회심자들은 한국에서 생활하면서 자신에게 닥친 여러 문제를 해결하기 위해서 교회에 출석하였다. 인도네시아에서 기독교는 공인된 종교의 하나이므로 교회에 나가는 데 저항감은 적은 편이다. 특히 여성회심자들은 인도네시아에서 살던 시절 주변 교회에서 들었던 찬송가 소리나 크리스마스 음악에 대해서 큰 호감을 간직하고 있었다. 회심자들은 한국에서 교회에 들어섰을 때 느낌이 좋았고 마음이 평안해지는 것을 느꼈다고 증언한다.

회심자들은 무슬림에게 복음을 전하기 위해서는 무슬림과의 친교가 첫 번째 단계라고 강조한다. D/5F는, "우리는 무슬림과 친구가 되어야 해요. 그러면 그들은 우리를 신뢰해요. 우리가 신에 대해서 말하면, 그들은 우리를 더욱 신뢰해요. 그들이 우리를 더욱 신뢰할 때 비로써 우리는 복음을 나눌 수 있어요. 저는 복음전도에는 이런 공식이 최고라고 생각해요. 즉, 친교(fellowship) → 더 깊은 친교(deeper fellowship) → 사랑과 복음 나누기(sharing the love and gospel)."[24]

모든 회심자들은 자신이 속한 교회의 정기적인 출석자이다. 교회가 인도네시아 무슬림들을 회심시키는데 결정적인 역할을 한 것은 분명하다. 이 중심역할을 한 한국소재 인도네시아 교회에 대해서 더 자세히 알아 볼 필요가 있다. 2011년말 기준으로 한국에는 23개의 인도네시아 관련 교회가 있었다. 이 중에서 21명의 인도네시아 목회 지도자들이 PGIK(Persukutuan Gereja Indonesia di Korea) 라는 단체를 만들었다. PGIK는 영어로 번역하면 'Indonesian Church Fellowship in Korea' 이고 한국어로는 '주한 인도네시아 교회 연합'이라고 할 수 있다. 목회지도자 21명 중 7명은 한국인 선교사이고, 14명은 인도네시아 목사나 전도사이다.

한국에 있는 인도네시아교회는 세 유형으로 나눌 수 있다. 첫 번째 유형은, "독립교회"이다. 독립교회는 인도네시아인이 한국에 독립적으로 세운 교회이다. 4명의 회심자가 이 유형에서 나왔다. 서울에 있는 '하티엘록교회'(Hati Elok Church)가 대표적이다. 인도네시아목사가 자체 힘으로 세우고 한국 교회의 지원을 전혀 받지 않고 독립적으로 운영하고 있다. 3명의 회심자

24 더 자세한 부분은 Han Kwon-Shik, *Conversion of Iranian and Indonesian Muslims in South Korea to Evangelical Christianity*. PhD diss., Torch Trinity Graduate University, 2012, 173.을 참고하여라.

가 이 교회에서 나왔다. 또 다른 교회는 'IFGF GISI 교회'[25]이다. 인도네시아 자카르타의 IFGF 본부가 한국에 인도네시아 목사를 선교사로 파송하고 시설은 구로구의 갈릴리교회를 이용하면서 운영은 독립적으로 하였다. 이 IFGF GISI 교회는 2005년 이전에는 예배에 참석하는 인도네시아인이 400명 이상이어서 크게 부흥하였으나, 2014년 11월 현재는 20여 명으로 대폭 줄었다. 주한 인도네시아 디아스포라교회가 전체적으로 참석자가 급감하는 현상을 보이고 있어서 이에 대한 연구와 대책이 시급하다.

둘째 유형은, "한국 교회 산하의 인도네시아 예배"이다. 5명의 회심자가 이 유형에서 배출되었다.주로 대형교회의 지원을 받으면서 인도네시아예배를 별도로 운영하는 형태이다. 주안장로교회, 명성교회, 여의도순복음교회, 새중앙교회, 오륜교회, 대구성명교회 등이 이에 속한다. 일부 작은 규모의 교회도 있지만 인도네시아인의 참석여부에 따라 인도네시아예배의 존폐가 바뀐다. 재정적으로 안정적인 것이 이 유형의 장점이지만, 인도네시아인과 교회지도자 간에 언어상, 문화적 장벽이 존재한다. 특별히 참석 인도네시아인의 수가 늘지 않거나 줄어들 때 갈등이 커진다.

셋째 유형은, "선교단체 형태의 교회"이다. Antioh International Community(AIC)가 대표적 교회이다. 인도네시아 선교를 전략적 목표로 설정하고 인도네시아 선교 경험이 있는 선교사와 후원자들이 세운 교회로 인천, 안산, 수원, 평택의 네 곳에 지교회가 있다. 선교의 전문성과 인도네시아어가 가능한 지도자가 있는 것이 장점이지만, 인도네시아 성도의 헌금에만 의존하는 취약한 재정구조를 가지고 있다. AIC 인천과 평택에서 각각 1명씩 회심자가 나왔다.

교회에 다니기 시작하면 교회 지도자의 카리스마나 관심이 회심자들에게 큰 영향을 미친다. D/10F는 목사님의 일상 삶을 보고 그가 진실한 크리스천임을 깨닫고 자연히 그를 따르게 되었다고 증언한다. 루이스 람보는 "특별

25 IFGF(International Full Gospel Fellowship)는 '국제순복음연합' 의 영문표기이고, GISI(Gereja Injil Sepenuh Internasional)는 인도네시아어로 '국제순복음교회' 라는 의미이다.

히 만남의 단계에서 종교 지도자나 중재자의 카리스마나 인간적 매력은 회심자에게 강력한 영향을 미친다"고 지적한다.[26] 회심자들은 교회에서 따듯한 분위기를 느끼면서 교회 문화에 젖어 들게 되고, 동료 크리스천이나 목회자들의 사랑을 느끼게 된다. 특히 노래를 좋아하는 인도네시아인들은 이슬람에는 없는 기독교의 찬송이나 복음성가를 부를 때 크게 감동하고 은혜를 경험한다. 이 좋은 느낌은 회심에 긍정적인 효과로 이어진다.

3) 평가: 직관적 느낌(*Rasa*)을 활용

인도네시아인의 삶은 내적 느낌의 중시, 일상적인 생활의 중요성, 가족중심주의, 노래하고, 춤추고, 이야기 듣기를 선호하는 전통을 갖고 있다. 인도네시아인, 특별히 자바인은 세상을 인식할 때 직관적 느낌(intuitive inner feeling), 즉 인도네시아어로 '라사'(*Rasa*) 라고 하는 내적 감각을 사용한다. 라사는 원래 일상생활에서 음식의 맛 또는 느낌을 표현할 때 쓰는 단어이다. 보다 깊은 의미에 대해서 인도네시아를 30년 이상 현장 연구한 네덜란드의 독립 인류학자 닐스 물더(Niels Mulder)는 이렇게 설명한다.

> 신비롭게 또는 실질적으로, 라사는 모든 사람이 갖고 있는 직관적 느낌이라고 말할 수 있다. 그렇지만 어떤 사람은 다른 이보다 더 정확한 라사를 갖고 있어서, 덜 정교하게 훈련된 사람이 놓치는 사물에 대해서도 민감하다. 이것은 또한 실체의 근본적인 성질 또는 실제 본성을 뜻한다. 라사는 정확한 통찰력, 실체의 존재, 그리고 절대자 안의 일부분으로 인도하는 개인적인 도구이다.[27]

---

26 Lewis R. Rambo, "The Psychology of Conversion" in *Handbook of Religious Conversion* (Birmingham, Alabama: Religious Education Press, 1992), 171.

27 Niels Mulder, *Mysticism in Java: Ideology in Indonesia* (Yogyakarta, Indonesia: Kanisius Publishing House, 2005), 84-85.

자바인들은 어렸을 때부터 라사 훈련을 받는다. 어떤 대상을 볼 때 이것은 진실인가, 지금 나에게 말하는 이 사람은 진심을 말하는가 등을 통찰하는 훈련을 받는다. 자바인들은 다른 사람은 나를 속일 수 있어도 내 속에 있는 라사는 나를 속이지 않는다고 믿는다. 라사는 인도네시아인들의 일상적인 의사소통과 자신의 바깥세상을 인식하는데 광범위하게 사용하는 세계관이다. 새로운 신앙에 대해서도 인도네시아인들은 본능적으로 이것은 진실인가, 믿을 수 있는가 하고 확인한다.[28]

D/1F는 자신이 종교를 바꾸면 반드시 신이 계실 것이라고 느꼈다고 한다. D/4F는 자신이 기독교인이 되면 좋은 교육과 통찰력을 받을 것이라는 느낌을 받았다. D/10F는 부산에 있는 교회에 처음 들어 갔을 때 마음이 평안했고 울음이 터져 나왔다. 그녀는 교회 안에서 느낌이 너무 좋아서 계속 있고 싶었고 교회 밖으로 나가고 싶지 않았다고 고백했다.

인도네시아 회심자들은 라사는 성경읽기보다 자신들에게 더 중요하다고 강조한다. 그래서 대부분의 인도네시아 회심자들은 인도네시아성경읽기가 쉽지 않다고 호소한다. 이 현상에 대해서 Y목사는 그 이유를 문화적 요인에 기인한다고 풀이한다. "책을 읽는 것은 인도네시아의 문화적 전통이 아니다. 성경읽기가 대부분의 인도네시아인에게 어려운 이유는, 우리는 어릴 때부터 민속과 신화이야기를 듣는데 익숙하여 왔는데, 성경은 역사적 이야기와 딱딱한 교리로 가득 차 있기 때문이다."

따라서 성경공부가 인도네시아 회심자에게 회심의 보조적인 역할을 하고 있음이 확인되었다. 인도네시아 회심자 중 절반은 회심 전에 성경공부를 하였으나, 절반은 회심한 후에 성경공부를 시작하였다. 이는 성경을 읽은 후 그 기반 위에서 회심하지 않았다는 의미이다. 이야기 듣기를 좋아하는 인도네시아 무슬림을 생각해서 Y목사는 자신들은 가능하면 많은 인도네시아인들이 성경을 쉽게 이해하도록 성경의 내용을 재미있는 이야기로 만들려고 노력한다고 밝혔다.

28 Yohanes Praptowarso (May 22, 2012).

이슬람은 알라(*Allah*)의 유일성을 주장하면서 예수의 하나님 아들 이심을 부정한다. 예수를 선지자의 하나라고 가르친다. 인도네시아회심가가 어떻게 예수의 신성을 받아들이는지 D/5F의 사례를 통해서 분석해 보자. 첫째 단계에서, 공장의 젊은 노동자인 그녀는 쉼터에서 성경을 읽고 의문을 가졌다. 둘째 단계에서, 교회 동료들과 목회자와 대화를 가졌고, 그녀의 정보망을 이용해서 복음에 대한 정보를 수집했다. 셋째 단계에서, 예수님께서 인간의 죄를 구원하기 위해서 인간의 모습으로 오셔야만 했다는 사실이 그녀의 라사를 통해서 믿어졌다. 넷째 단계에서, 그녀는 예수를 하나님 아들로 받아들였다. 받아들인 후 그녀에게 평안함과 축복이 다가왔다. 그녀 자신의 라사가 그녀를 속일 수 없으므로, 그녀는 예수를 진리로 받아들였다.

삼위일체는 무슬림회심자들에게 매우 이해하기 어려운 교리이다. 이슬람 배경을 가진 인도네시아 무슬림을 위하여 Y목사는 삼위일체를 이렇게 가르쳐왔다. 삼위일체를 성부, 성자, 성령으로 가르치는 것은 서양신학에 기반한 방법이다. 서양식으로 삼위일체를 아버지, 아들, 성령으로 가르치면 무슬림들은 자동적으로 생각한다. "그럼 어머니는 어디 있지?" 인도네시아 무슬림들은 계속 알라는 하나라고 학습 받아 왔으므로 신이 셋이라는 오해를 불러일으키게 설명하면 무슬림들은 받아들이기 힘들어 한다. 신에게 어떻게 자녀가 있을 수 있는가?

그러나 하나님은 '말씀'이시다 라고 하면 무슬림에게 거부감이 없다. 왜냐하면 꾸란에 그렇게 써 있기 때문이다. 그러므로 삼위일체를 성부, 성자, 성령 이라고 설명하는 대신에 하나님, 말씀, 성령이라는 개념으로 대체하는 것이다. 선지자 무함마드의 친구로 알려진 '안나스 입누 말릭'(Annas Ibnu Malik)의 하디스(*Hadith*)에 의하면 "진실로, 예수는 하나님의 영이요 하나님의 말씀이다" 라고 기록되어 있다.[29] 무슬림은 하나님의 말씀과 하나님의 영

29 『예수의 진짜 이야기』(*The Real Story of Isa Al Masih*), 31. 이 책은 인도네시아어로 작성되었고 무슬림 전도용으로 사용되고 있어 작가와 출판사는 비밀로 하고 있다. 아랍어로 쓰여진 구절 "Isa faa innahu Rohullah wa kalimatuhuu,"는 영어로 번역하면 "Really, Jesus is Spirit of God and Word of God"(진실로, 예수는 하나님의 영이요 말씀이다). Source: *Hadith* Annas Ibnu Malik 72.

을 믿는다. 그런데 그분이 바로 예수이다. 이를 정리하면 삼위일체는 "하나님과 말씀과 성령의 일치"라고 설명하면 인도네시아 무슬림들은 보다 쉽게 받아들인다.

4) 변혁: 보다 나은 삶과 어려움을 겪는 삶

인도네시아 회심자 중에서 꿈 속에서 예수님을 본 경우는 11명 중 1명뿐이다. 회심자 중 가장 행복하고 신실하게 신앙생활을 하고 있는 D/6F는 5년 전에 꿈 속에서 예수님을 뵈었는데 흰 옷을 입은 예수님과 같이 공부하는 꿈이었다. 이 후 신앙이 크게 성장하는 것을 경험하였다고 간증했다. D/2F는 불법체류상태였는데, 불법단속원에게 잡히지 않도록 기도해서 한국에 남게 된 것을 기도의 응답이라고 믿었다. D/3는 인도네시아에 있는 할머니를 위하여 예수님께 간절하게 기도했는데 실제로 치유되는 체험을 하면서 하나님의 능력을 확신하였다고 고백하였다. 이런 신앙생활의 실제적인 체험을 하면서 인도네시아 회심자들이 회심하는데 평균 2년 8개월이 소요되었다.

인도네시아인은 일상생활에 실질적인 도움을 중시한다. 다시 말하면 안전, 안락함, 행복, 평화로운 느낌, 복지 등이 삶 속에서 아주 중요하다는 것이다. 인도네시아인은 미래를 강조하는 종교는 의미가 없다고 생각한다. 왜냐하면, 인도네시아인의 주요 관심은 '여기에 지금'(here and now)에 있기 때문이다. 인도네시아인은 지금 좋고 현재생활에 실제 도움이 되는 종교가 미래에도 진정한 종교라고 믿는다. 일상생활에 대한 충족이 일반 인도네시아인들의 가장 중요한 관심사 중 하나이다.

회심 후 회심자의 삶에 긍정적 변혁이 있었다. D/6F는 회심 후 한국인들의 마음을 알게 된 것을 가장 기쁘고, 인도네시아에 교회를 새우는 비전을 갖게 되었다. D/10F는 교회에 출석하면서 모든 문제가 사라진 것이 가장 큰 변화이고 자신이 많이 변한 것을 스스로 느낀다고 하였다. 무엇보다도 구원에 대한 확신을 갖게 된 것이 가장 큰 소득이라고 답변했다. 회심자들은 자신들이 출석하는 교회에서 대부분 기쁘게 기독교인의 삶을 즐기고 있었다.

그러나 젊은 여성 회심자인 D/5F는 회심 후 행복하고 믿음에 대한 확신 속에서 살고 있었으나, 같은 부족 출신 남성무슬림으로부터 전화 상으로 위협을 받고 있었다. D/5F가 기독교인이 되어서 찌라짭(*Ciracap*)종족의 명예를 더럽혔으므로, 꾸란에 나오는 대로 배교자를 죽여도 우리는 죄가 되지 않는다고 계속 전화로 협박하여서 너무 무섭다고 밝혔다. 이런 위협 속에 있는 상황이었으므로 이 여성회심자와의 인터뷰도 비밀스러운 장소에서 어렵게 이루어졌다. D/5F와의 인터뷰는 2011년 7월에 있었는데 2013년 3월에도 여전히 위협 속에서 피해 다닌다는 얘기를 전해 들어서 마음이 무거웠다. D/7F는 같은 무슬림들에게 기독교 복음을 전도하는 열성 있는 회심자였으나, 최근에(2014년 10월) 이 여성이 다시 무슬림으로 돌아 갔다는 이야기를 전해 들었다. 직접 만나서 왜 이슬람으로 돌아갔는지 이유를 확인 할 예정이다.

회심자들은 한국에 거주한 것이 자신들에게 큰 영향을 미쳤고 결국 회심이 가능한 것이라고 생각했다. 그 이유는 한국에는 종교의 자유가 있고, 종교간 갈등이 없어 보였고, 교회 내에서 서로를 받아들이고 사랑하는 것을 보았기 때문이라고 말했다. 여성회심자들은 한국이 안전한 나라라는 것을 한국에서 제일 좋은 점으로 꼽았다. D/3는 한국정부는 국민들을 잘 살펴주지만 인도네시아정부는 자신들을 잘 돌보지 않고 부패가 심하다고 말했다. 그리고 노동자그룹 회심자들은 공장의 한국인은 자신들을 거칠게 대했으나, 교회 안의 한국인은 자신들에게 너무 잘해 주고 따듯했다고 증언하였다. 자신들이 교회에 오지 않았으면 공장에서 겪은 한국인에 대한 나쁜 인상만 가지고 인도네시아로 돌아갈 뻔 했다고 웃으면서 말했다.

Ⅲ. 이란 무슬림의 기독교로의 회심 요인

1. 이란인의 문화, 역사적 배경

이란은 인구 75백만 명에 100개 종족으로 구성된 다민족국가이다. 이란인들의 주활동 무대였던 이란고원은 실크로드의 주요 길목으로 옛날부터 사막 유목민들의 약탈 대상 지역이었으며 동과 서를 잇는 지정학적 중요성 때문에 이곳의 패권을 차지하기 위한 전쟁이 끊이지 않았다.[30] 이란인의 조상은 고대 게르만족이 추위를 피해 남쪽으로 대 이동할 때 일부가 갈라져 이란고원에 정착한 아리안족(Aryan)의 일파이다.[31] 현재 이란에는 아리안족의 후손인 페르시아인(52.4%) 외에도 투르크계의 아제르바이잔인(22.2%), 조국 없는 국민으로 알려진 쿠르드인(5.9%), 아랍인(2.3%) 등 다양한 민족이 공존하고 있다. 전 인구의 98.6%가 무슬림이고 이 중 시아파가 89%이다. 수니파는 주로 투르크계, 쿠르드계, 발루치계에서 나타나고 있다.[32]

이란인들은 대부분의 중동국가에서 사용하는 아랍어를 쓰지 않고, 고유언어인 이란어를 사용한다. 일부 아랍어와 비슷한 단어도 있으나 대부분은 완전히 다르다. 이란인들은 친절하고 개방적이다. 동양적 사고방식을 갖고 있어 매우 가족적이다. 대가족이 모여 살거나 가족과 친족이 모이길 좋아하며 체면을 중시하고 손님접대에 극진하다. 이란인들은 거대한 페르시아 제국을 건설한 찬란한 문화와 전통을 갖고 있어서 조상의 역사와 문화에 대한 자부심과 긍지가 대단하다.[33]

이란인들은 자신들이 아리안계의 뿌리임을 강조한다. 이들은 서아시아나

30 유흥태, 『고대 페르시아의 역사: 아케메니드 페르시아, 파르티아왕조, 사산조 페르시아』, (파주: 살림출판사, 2013), 6.

31 박재현, 『페르시아 이야기』 (서울: 지식과 감성, 2013), 5.

32 Jason Mandryk, *Operation World: The Definitive Prayer Guide to Every Nation*, 7th ed. (Colorado Springs, CO: Biblical Publishing, 2010), 464.

33 박재현, 『페르시아 이야기』 6.

중동계 사람들과 자신을 분명하게 구분하려 한다. 따라서 이란인들은 자신들이 아랍계로 분류되는 것을 극히 혐오한다. 아랍족은 이란인들보다 문화적으로 뒤처져 있던 사막을 유랑하는 유목 민족이라는 것이다.[34] 이란이 중동의 수니파와 다른 시아파 이슬람을 만든 이유도, 아랍에 무력으로는 굴복당했어도 아랍 이슬람의 영향을 받지 않는 다른 이슬람을 만들려는 의도였다고 볼 수 있다.

페르시아의 최초 고대 왕국은 엘람 왕국(Elamite Empire: B.C. 약 3000년-B.C. 639년)이었다. 기원전 8세기쯤, 이란인들의 일파인 메디아족(Medes)은 아시리아로부터 독립해 남부 이란과 소아시아에 걸쳐 메디아 왕국(B.C. 708년-B.C. 550년)을 세웠다. 이후 세계 역사상 가장 강력하고 거대한 왕국 중 하나로 기억되는 아케메이드 페르시아 왕조(The Achaemenids, B.C. 550년-B.C. 330년)가 키루스 2세(The Great Cyrus, 구약성서의 고레스)에 의해 건설된다. 키루스 2세는 강력한 군사력을 바탕으로 실시하는 강압적인 정치를 펴는 대신 속국으로 삼은 다양한 민족의 문화와 왕조를 존중하면서 다스렸다. 각 민족의 종교를 존중했으며 그들을 자신들의 나라에서 자신들의 문화를 향유하면서 살도록 유도했다.[35]

구약성서에 5명의 페르시아왕인 고레스(Cyrus)왕, 고레스의 아들인 아하수에로(Ahasureus)왕, 다리오(Darius)왕 또 다른 아하수에로왕, 아하수에로의 아들인 아닥사스다(Artaxerxes)왕이 나온다.[36] 이란 회심자들은 성경을 읽을 때 자기 조상들의 왕 이야기와 페르시아의 역사가 정확하게 기록된 것을 보고 성경을 진리로 받아들인다.

34 Andrew Burke, Mark Elliott, *Iran* (Footscray, Australia: Lonely Planet Publications, 2008), 46.

35 유흥태, 『고대 페르시아의 역사』, 25.

36 Allyn Huntzinger, *Persians in the Bible* (Woodstock, GA: Global Commission, 2004), 31-34.

1) 이슬람 유입 이전과 이후 역사

사산조 페르시아와 동로마제국간의 오랜 전쟁으로 동·서 거대 제국의 힘이 거의 소진되었을 무렵 양 제국의 틈에서 급격히 성장한 것이 이슬람 세력이다. 로마와의 전쟁과 내부와의 혼란으로 이슬람의 급격한 팽창을 저지할 만한 힘이 없었던 곧 사산조 페르시아는 이슬람의 손에 들어가게 된다.[37] 그러나 본격적인 이슬람의 유입은 무함마드 사후 아부 바크르(Abu Bakr)의 군대가 637년 사산조의 수도 크테시폰을 점령하고 이란고원으로 세력을 확장하면서부터이다.[38] 이슬람 유입 이전, 아랍이 이란을 함락하기 전까지 이란 역사상 가장 큰 자부심인 아케메이드 페르시아 왕조와 사산조 페르시아왕조가 맹위를 떨쳤다.

이슬람이 유입된 이후, 즉 아랍이 침략한 뒤부터 사파비(Safavid)왕조가 등장한 16세기까지 약 9세기에 걸쳐 이란은 오랜 암흑기를 보낸다. 독립한 나라로 존재하지 못하고 아랍과 몽고, 투르크 등 이민족이 세운 다섯 개 왕조가 피고 지는 것을 지켜 보아야 했다. 7세기 아랍 침략 이후 850년 만에 이란 전역을 통합한 사파비 왕조가 탄생한다. 사파비 왕조는 시아 이슬람을 국교화하고, 경제적, 종교적 관용정책을 펼치며 번영을 맞았고, 이란의 근대왕조라 할 수 있는 카자르(Qajar) 왕조를 거쳐 1925년 이란의 마지막 왕조인 팔레비(Pahlavi) 왕조가 등장했다.[39]

2) 1979년 이슬람 혁명의 전과 후

팔레비 왕조의 이란은 최대한 빠르게 근대화를 달성하고 싶어했고, 자연히 이란을 지탱하던 이슬람을 건드릴 수밖에 없었다. 이슬람 율법의 해석권

---

37 유흥태, 『이란의 역사: 이슬람의 유입에서 이슬람 혁명까지』, (파주: 살림출판사, 2012), 3.

38 유흥태. 『이란의 역사』, 5.

39 최승아, 『오! 이런, 이란』, (서울: 휴머니스트 출판그룹, 2014), 237.

을 통해 이슬람 법학자로 군림하던 이슬람 지배계급을 무력화했으며, 모던한 복장을 권하고 차도르를 금지하는 강력한 정책으로 큰 불만을 낳았다. 당시 이란의 심각한 문제는 석유를 통해 벌어들인 거대 자본이 부유층에게만 고인 채 아래로 흐르지 못했다는 것이다. 결국 기득권과 서민, 진보와 보수 모두에게 팔레비 왕조의 급진적인 근대화 정책은 환영받지 못했다.

1960년대부터 왕조에 저항해 온 이슬람 법학자인 아야톨라 루홀라 호메이니(Ayatollah Ruholla Khomeini)는 이란에서 추방되어 이라크, 프랑스를 전전했다. 해외에서 그는 이란 국민들에게 정부에 맞서서 싸울 것을 호소했고, 뜨거워진 혁명의 열기는 결국 왕을 몰아내고 이슬람 공화국을 탄생시켰다. 오랜 망명을 끝내고 호메이니가 이란으로 돌아온 날 아지디(자유)광장에 수백만 명이 모여 그에게 열렬한 환호를 보냈다. 그리고 1979년 4월 1일 국민 97페센트가 찬성투표를 함으로서 이슬람 공화국이 탄생했다.[40]

아야톨라 호메이니에 의해 주도된 이슬람 혁명은 20세기 후반 이슬람 세계와 서방세계에 깊은 영향을 미쳤다. 오늘날까지 지속되고 있는 이슬람 혁명의 결과는 어떻게 되었을까? 결론부터 말하면 호메이니는 이란인들에게 큰 실망을 안겨 주었다. 왜냐하면 호메이니는 희망, 번영, 자유를 가져다 주는 대신에, 전쟁과 경제적 대혼란, 전체주의를 가져왔기 때문이다. 호메이니 정부는 이라크와 8년 전쟁, 경제의 심각한 혼란과 침체, 정부에 의한 언론 통제와 사생활 간섭, 신 집권세력의 부패, 대대적인 숙청, 비밀경찰을 통한 탄압, 엄격한 이슬람 율법의 적용에 따른 심각한 인권침해 등 수많은 문제를 야기해 왔다.[41] 이런 압제와 실망이 이란인들의 인내한계를 넘어서면서 이란인들은 모든 수단을 동원해서 이란을 탈출하기 시작했다. 전 세계적으로 이란인 디아스포라는 4백만 명 이상인 것으로 추정된다.[42] 터키, 영국, 유럽국가들, 미국, 캐나다, 아랍에미리트 연방, 말레이시아, 일본 등 전 세계에 이란

40 최승아, 『오! 이런, 이란』, 238.

41 Mark Bradley, *IRAN: Open Hearts in a Closed Land* (UK, Authentic Media, 2007), 44-45.

42 Mark Bradley, *IRAN: Open Hearts in a Closed Land*, 98.

인들이 흩어져 있다. 이 중 극히 일부가 한국에 온 것이고, 이슬람 혁명은 이란인 회심에 가장 중요한 사회문화적 배경이 되었다. .

2. 진리를 추구하는 이란 무슬림의 회심 요인 분석

이란 무슬림 21명의 회심 요인을 회심자가 한국에서 겪는 고통과 사회문화적 환경, 교회를 출석하게 된 계기와 성경읽기 그리고 개인이 겪은 초자연적 경험과 회심 후의 변화된 삶을 추적해 본다.

1) 환경: 고통이 큰 한국에서의 삶

이란인 회심자들은 모두 1979년 이슬람 혁명의 직접·간접적인 영향으로 한국에 오게 되었다. 다양한 비자(이주노동자, 여행, 학생, 사업, 국제격투기대회 참석 등)를 이용하여 한국에 온 이들은 이란에 돌아갈 계획이 처음부터 없었다. 불법체류자 신분으로 한국에 머물게 된 이들은 한국 생활에서 어려운 현실에 부닥치게 된다. 불법체류의 비율은 한 때 70%를 넘었으나 2011년 기준으로 55.9%로 여전히 높은 수준이다. 불법체류자 신분을 피하고자 많은 이란인들이 한국정부에 난민 신청을 하지만 받아들여지는 경우는 극소수에 불과하다. 강성 무슬림 이란인들이 난민 신청서류에 필요한 세례증명서를 만들기 위해서 한국 교회에 가서 거짓으로 회심하고 세례를 받기도 하였다.

회심자 21명 중 5명은 노동자가 아닌 가정주부(3명), 신학교 학생(1명), 태권도 사범(1명)으로 한국에 왔다. 나머지 16명은 특별한 기술 없이 불법체류자로 한국에서 살아 남아야 했다. 한국 생활의 고통이란, 자원이 풍부한 이란에서는 겪어 보지 못한 공장에서의 장시간 고된 노동, 불법체류자로서 신분상의 불안정과 낮은 임금, 서투른 한국어, 문화충격, 무슬림으로서의 정체성 혼란, 이란에서 들려오는 점점 나빠지는 고국 소식, 이란 내 가족들이 겪는 문제에 대해 아무 것도 할 수 없는 무기력감, 기본적인 숙식이 해결 안 되는 문제, 외로움, 질병과 비싼 치료비 등 다양하였다. 레슬링의 종주국에서 온 이란인들은 체격이 좋고 과격한 기질이 있어서 심한 스트레스를 해소하고자 과음하고 폭력을 행사한다. 이란에서는 이슬람 율법으로 술을 전혀 마실 수 없었으나, 한국의 제한 없는 술 판매는 이들의 음주를 더욱 부추긴다. 한국에 오래 살았고 결혼은 못하고 나이는 계속 먹어가는 이란 남자들은 나이트클럽에 출입하고, 성적으로 타락한 생활을 하기도 한다. 또,불법으로 마약을 거래하기도 한다, 마약은 인터뷰에서 15번 나온 자주 표현되는 단어였다. 이 모든 고통이 이란 무슬림들로 하여금 어떤 해결책을 찾고자 하는 환경을 만들었다.

2) 만남: 돌파구로서 교회 출석과 성경공부

이런 문제의 해결책을 찾다가 회심자들은 교회에 가면 많은 도움을 받을 수 있음을 알게 된다. 너무 다급한 자신들의 처지이고 종교의 자유가 있는 한국이므로 회심자들은 교회에 참석하는 것에 대하여 거부감이 적었다. 무슬림이지만 교회에 가면 이란인 친구를 만나고 정보교환을 할 수 있고, 숙식할 곳이 없으면 교회의 쉼터를 이용할 수 있기 때문이다. 또, 외국인에게 무료로 한국어를 가르치는 교회가 있으므로 한국어를 배우기 위해서 오는 경우도 있다.

교회는 회심자들을 신앙으로 인도하는 전초기지 역할을 한다. 무슬림들이 한국에서 회심할 수 있었던 것은 교회라는 따뜻한 공동체가 있었기 때문에 가능했다. 한국에 이란인을 위한 교회가 7개 정도 있다. 첫째 유형은 "한국교회 내 이란어 예배" 로써 동신교회, 신성교회, 나섬교회, 온누리교회, 할렐루야교회 등이 여기에 속한다. 회심한 이란인 목회자를 리더로 세워 예배를 진행하고 있으며, 회심자가 13명 나와서 회심의 결과가 가장 많은 유형이다.

둘째 유형은 "미국 교회 내 영어 예배"이다. 송탄 오산 공군기지 앞에 있는 '빅토리 기독교 펠로우십-경기도'(VCF-K: Victory Christian Fellowship-Kyonggido)가 여기에 속한다, VCD-K는 미국인 목사가 담임하며 영어로 예배를 드리고 공군기지 관련 미국인, 필리핀인, 이란인이 주요 교회 구성원이다. 이란인 중 특별히 영어를 배우고자 하는 사람들이 먼 곳에서 이곳까지 온다. 이곳에서 회심자가 4명 나왔다.

셋째 유형은, "한국인 선교사에 의한 이란어 예배"이다. 한국이란인교회가 여기에 속한다. 이곳에서 4명의 회심자가 배출되었다. 이란인 선교사로 19년간 봉사한 이만석목사가 이 교회를 이끌고 있다. 이란과 한국을 모두 잘 알고 있는 장점이 있지만 이란인만을 섬기므로 재정적으로 취약한 구조이다. 그 밖에 이란인 예배를 신설했다가 폐지하는 교회가 있지만 운영이 안정적이지 않았다.

자신들의 문제해결을 위해 교회에 참석하게 된 이란 무슬림들은 이란어로 진행하는 예배에 참석한다. 일부 회심자는 처음부터 성경공부에 관심을 갖고 참석했지만, 대부분의 회심자들은 주위의 적극 권유자를 통해서 참석한다. 권유자는 주로 교회의 집사, 장로, 목사, 전도사, 가족 또는 동료이다. 신성교회의 한 권사는 이란 젊은이들을 어머니같이 챙겨 주고 돌보아 주어서, 이 사랑에 녹아서 이란 젊은이들이 교회에 출석하고 성경읽기에 적극적이 되었다. 이 권사는 이란어를 거의 못하지만 사랑으로 이란 젊은이들이 무엇을 필요로 하는지 다 안다고 말했다.

교회에서 성경공부는 파르시 성경(*Farsi* Bible)[43]을 활용한다. 성경공부 시에는 주로 신약의 사복음서를 가르친다. 구약은 많은 내용이 꾸란의 내용과 충돌하기 때문에 가급적 가르치지 않는다. 일단 파르시성경을 읽기 시작하면 이들은 성경의 내용에 대해서 크게 의심하기 시작한다. 이것은 자신들이 그 동안 이란에서 꾸란을 통해서 배웠던 내용과 너무 다르기 때문이다. 지적인 호기심이 발동한 이란인들은 자신들이 알던 꾸란과 성경 중 어느 것이 진리인지 연구하기 시작한다.

회심자 중 성경 전체를 2번 이상 읽은 사람 12명, 1번 이상 읽은 사람 4명, 신약성서 또는 구약성서만 읽은 사람 4명, 나머지 한 명만이 성경을 부분적

43 파르시(Farsi)는 페르시안(Persian)이라고도 하는데 이란 내 35백만 명의 모국어이고, 주변 아프가니스탄과 파키스탄에서도 수백만 명이 사용하는 언어이다.

으로 읽었다. 전체적으로 이란인들이 성경을 꾸준히 계속해서 읽는 점을 발견하였다. 왜 이란인들은 성경을 잘 읽을까? 이는 이란인들이 시와 문학을 사랑하는 민족인 것과 관련이 있는 것 같다. 일반 이란인도 국민 시인의 시 구절을 줄줄이 외우고 대화 시에 인용한다. 유명한 이란 시인인 훼르도우시(Ferdowsi), 하피즈(Hafiz), 사아디(Saadi), 루미(Rumi) 등은 국민적 영웅이다.[44] 그러므로 성경을 읽는다는 것은 이란인들에게 익숙한 습관이다. 더욱이 이란인들은 자기 조상들의 이야기가 성경에 나오는 사실을 알고 더욱 성경을 신뢰한다.

'성경공부'는 회심자들과의 인터뷰에서 38번 나온 가장 많이 언급된 키워드이다. 성경공부가 회심과 긴밀한 관계가 있다는 의미이다. 성경공부는 모국어로 읽어야 효과적인 것도 확인할 수 있었다. R/6의 경우, 1992년에 처음 한국에 온 후 세 번 추방되었다가 네 번째 다시 한국으로 돌아왔다. 세 번 추방될 때까지 성경공부를 한국어성경, 영어성경으로 배웠으나, 흥미도 없었고 무슨 말인지도 정확히 몰랐다. 그러나 2008년 네 번째로 한국에 왔을 때 파르시성경을 통해서 성경공부를 하게 되었고, 이때부터 성경의 진리가 분명히 이해되어서 1년만에 기독교로 회심하게 되었다.

R/2는 성경공부를 통해서 완전히 거듭나는 경험을 하였다. "7년 동안 나는 성경을 읽었고 작은 옥탑방에서 기도했다. 그때 하나님께서는 내가 한국과 이란에서 범한 죄를 하나씩 보여 주셨다. 그 순간 나는 죄인인 것을 깨달았다. 나는 내 죄를 고백했다. 나는 예수님의 보혈로 나를 씻어 달라고 예수님에게 기도했다. 나는 주님께 무릎 꿇고 예수님은 구원자시요 하나님의 아들이라고 고백했다. 그 순간부터 나는 완전히 변화되었다."[45] 한국에 19년 체류한 R/2는 그 이후 신학공부를 하였고 믿음 좋은 한국 여성과 결혼하여 지금은 한국 내 이란교회의 지도자로 활동 중이다.

꿈에서 예수님을 만나는 경험을 하는 것이 회심의 중요한 계기가 된다.

---

44 Mark Bradley, *IRAN*, 77.

45 Han Kwon-Shik, *Conversion*, 111.

21명 중 6명은 회심 과정 중에서 예수님을 꿈에서 만나는 경험을 하였다. R/13은 한국에서 4년간 일하다가 성경공부를 통해서 복음을 받아들인 후 이란으로 돌아갔다. 처음에는 회심 사실을 숨기다가 부인에게 발각되었다. 엄청나게 화를 낸 부인에게 복음을 차근하게 설명하고, 같이 아르메니아교회를 출석하면서 2년 후 부인도 복음을 받아들였다. 그러나 이란으로 귀국한 3년동안 그의 부모와 형제들은 그를 만나 주지 않았고 상대하려 하지 않았다. 다시 1년이 지난 귀국 4년째 되는 해부터 꿈 속에서 예수께서 나타나셨다. 예수는 2-3개월에 한 번씩 그의 꿈에 나타나셨다. 1년에 5-6번씩 나타나셔서 3년간 20번이 넘게 나타나신 것 같았다. 예수께서는 꿈속에서 그에게 한국으로 가라고 계속 말씀하셨다. 다른 것을 물으면 대답이 없으시고 한국으로 가라고만 하셨다. 이 문제를 어떻게 해결해야 하나 고민하던 중에 이란에 있는 한국인 선교사의 도움을 받아서 가족과 함께 한국에 오게 되었다. 2년간 한국어를 배운 후 장신대에 입학해서 신학을 공부하고 있다. 이란에서 두 번째로 큰 종족인 아제르족 출신인 이 회심자는 학업 후에 아제르바이젠에 가서 복음을 전할 계획이다.

R/7은 과격무슬림이었으나 한국에 온 후, 꿈 속에서 예수께서 자신을 계속 부르는데 처음에는 이 분이 누구인지 알지 못했다. 여러 번 꿈에서 나타나므로 먼저 회심한 동료에게 물은 후에야 예수인 것을 알게 되었다. 이때부터 본격적으로 성경을 읽고, 또 성경 속에서 예수를 만나서 회심하게 되었다. 이란과 무역업을 하는 R/7은 한국인 자매와 결혼했고 이 후 부드러운 성격의 독실한 기독교인이 되었다.

3) 평가: 진리 추구(*Haq ju*)의 전통을 활용

대부분의 이란 회심자들은 자신을 진리 추구자라고 말한다. 이를 이란어로 '하크 주'(*Haq Ju*) 즉 영어로 'truth seeking'이라고 부른다. 이 진리 추구의 전통이 언제부터 시작되었는지 명확하지 않으나, 이란 회심자들은 이란의 고대종교인 조로아스터교 시절부터라고 추정한다. 인간의 선택에 관한 조로아스터의 가르침에 따르면 인간은 '진리를 따르는 자'(이란어로 *ashavants*)와 '악을 따르는 자'(*dregvants*)로 나눈다고 한다.[46] 이란 회심자들은 이슬람의 지배 하의 이란에서는 억압되었던 진리 추구의 정신이, 한국에서 파르시성경을 읽으면서 되살아난다고 진술한다. R/9는 이렇게 증언한다. "내가 성경을 읽기 시작했더니, 나는 더 읽어보고 싶어졌고 더 알고 싶어졌다. 나는 내가 아는 이슬람의 이야기와 비교했다. 성경은 내가 알고 있던 것과 다른 이야기와 다른 내용들 이었다."[47] 진지한 성경공부에서 이란인들은 의문을 품기 시작한다. 이 진리는 무엇이지? 이란인 회심자들은 인터넷과 서적으로 조사하고, 도움을 줄 수 있는 사람에게 물어보고 토론한다. 이란인들은 토론을 매우 좋아한다. 이란웹사이트에 PALTALK이 있어서 채팅을 통해서 모르는 것을 묻고 확인 할 수 있다. 미국, 캐나다, 영국의 웹사이트에 기독교에 대한 궁금증을 풀어줄 곳이 여러 곳이 있다. 이런 사이트도 활용하면서 회심자들은 조사하고, 비교하고 평가하면서 어느 쪽이 참 진리인지 탐구해 나간다. 그리고 성경이 참 진리라고 결론을 낸다.

R/14F는 자신이 발견한 새로운 진리에 대하여 설명했다. "그때 모든 것이 내게 분명해졌다. 나는 성경공부를 통하여 알라가 진실이 아닌 것을 알았다. 아브라함, 이삭, 이스마엘의 이야기를 통하여 나는 꾸란이 진실이 아님을 발견했다. 모든 것이 내게 분명해졌다. 그래요! 이때 나는 주님께 항복했다. 나의 생명을 예수님께 드렸다. 그때 예수님께서는 나를 부르셨고 나는 그분의 부르심을 받아들였다."[48] R/14F는 한국남성과 이란서 결혼하고 한국에 들어온 지 20년이 넘었고 성경을 이란어, 영어, 한국어로 합하여 2번 이상 읽은 경험이 있는 기독교 리더이다.

R/3은 이란에서의 개인적 경험을 바탕으로 이렇게 진술한다. "이란사람들은 이제 더 이상 이슬람에 대하여 관심을 갖고 있지 않다. 그들은 이슬람

46 Christopher Partridge, ed., *Dictionary of Contemporary Religion in the Western World: Exploring Living Faiths in Postmodern Contexts*, (Leicester: Inter-Varsity Press, 2002), 366.

47 Han Kwon-Shik, *Conversion*, 105.

48 Han Kwon-Shik, *Conversion*, 112.

을 거부한다. 내가 말할 수 있는 것은 70%의 이란사람들은 무슬림이 아니다. 그냥 명목상으로만 무슬림이다. 그들은 기도와 라마단 금식도 지키지 않는다. 그러나 30% 그룹은 정부에 의해서 지지되고 있는데 이들은 생계를 위해서 무슬림인 것처럼 보여야 생계를 유지할 수 있기 때문이다."[49]

교리적인 관점에서 예수가 하나님의 아들이라는 사실이 이란인들에게 가장 충격적인 교리 중 하나이다. 꾸란과 이슬람 학습을 통해서 예수를 선지자 중 하나라고 보았는데 신이라고 하니 이것은 무엇인가? R/14F는 예수에 대한 이해에 대해서, "예수는 먼저 인간이 아니었다. 그분은 먼저 하나님이셨다. 하나님께서 인간이 되셨고 그 인간은 하나님으로 되셨다. 우리는 '이사'에 대해서 말하면 안 된다. 우리는 무슬림 선교사가 아니다. 우리는 기독교인이다. 우리는 예수님과 그의 사랑, 자애, 행동에 대해서 말해야 한다."라고 간증했다.

삼위일체는 이란 무슬림에게도 역시 이해하기 어려운 교리이다. 이슬람에서는 항상 알라의 유일성을 가르쳐 왔기 때문이다. R/4는 삼위일체를 믿음으로 받아들여야 한다고 주장한다. 한국에 있는 Z라고 하는 이란인 목사는 이란인을 위한 삼위일체 교리를 아주 쉽게 설명하려고 모든 노력을 기울인다. 그 자신이 강경한 무슬림이었다가 꿈에서 예수를 보고, 또 여동생의 전도로 회심하고 한국에서 목사가 되었다. Z목사는 삼위일체 교리를 무슬림들의 신앙수준에 맞추어서 세 가지 예화로 설명한다.

기독교 초심자 이란인을 위하여, Z목사는 먼저 구약 신명기 6:4와 신약 마가복음 12:9을 인용하면서 하나님은 하나이심을 설명한다. 만약 당신이 말을 하게 되면 두 가지가 당신의 입에서 나온다, 즉 '당신의 말'과 '당신의 호흡'이 그것이다. 하나님께서 말씀하실 때 그의 호흡이 그의 말씀에 따라 나온다. 성경에서 하나님의 호흡은 '성령'이라고 부른다. Z목사는 이란인들 앞에서 시범을 보이면서 그의 입 앞에 종이를 갖다 놓는다. 그가 말할 때 그의 호흡으로 인하여 종이는 크게 흔들린다. Z 목사는 여기서 '나'는 하나님을 나

49 Han Kwon-Shik, *Conversion*, 109.

타내고, '말씀'은 예수님, '호흡'은 성령을 나타내며, 그러나 이것은 모두 하나의 실체라고 설명하고 마친다. .

정서적인인 이란인 특별히 여성을 위해서, Z목사는 새로운 예화를 들어 삼위일체를 설명한다. 요한일서 4:8에 "하나님은 사랑이심이라."라고 쓰여 있다. 사랑은 세 가지 요소로 구성되어 있는데 이 중 하나라도 없으면 사랑은 성립되지 않는다. 사랑의 세 요소는 '사랑하는 자'(Lover, 이란어로 *Ashegh*), '사랑 받는 자'(Beloved, 이란어로 *Mashugh*) 그리고 '사랑'(Love, 이란어로 *Eshgh*)이다. 그러므로 하나님의 세 인격은 '하나님'(Lover), '예수'(Beloved) 그리고 '성령'(Love)이라는 의미이다. 이 예화는 토마스 아퀴나스의 삼위일체의 본질에서 제시한 예화라고 하였다. Z목사는 고린도후서 13:12를 도표로 그려서 이 사랑을 이란인이 실제로 경험해 보기를 권면한다. 즉, 주 예수 그리스도의 은혜와 하나님의 사랑과 성령의 교통하심을 상상하면, 성령께서 실제로 그 시간에 임하시는 영적 경험을 하였다고 한다.

지적인 이란인을 위해서는, 과학적인 비유를 사용한다. Z목사는 이 비유를 잘못 사용하면 이단 논쟁을 불러 일으킬 수 있어서 매우 조심스럽다고 하였다. 양자물리학을 사용한 이 비유는 Z목사가 전기공학을 전공하였고 물리학과 과학철학에 대한 관심이 높은데 기인한다. 양자물리학과 삼위일체 교리를 네 가지 비유를 활용하여 설명한다. 첫째, "전자는 하나의 현상적 존재이다"은 "하나님은 한 실체이시다," 둘째, "전자는 입자다"는 "하나님은 성자이시다," 셋째, "전자는 파동이다"는 "하나님은 성령이시다" 마지막으로 "소자는 파동이 아니다"는 "성자는 성령이 아니다"라는 비유로 설명한다.

4) 변혁: 리더, 평신도, 경계선 그룹으로 나뉜 삶

회심자들은 복음을 받아들인 후 세례 받기를 갈망한다. 세례를 받으면 생명의 위협이 있음을 알지만 자신의 신앙을 견고히 하려는 의지가 더 강하기 때문이다. 세례는 회심의 대외적인 증거다. 이란 회심자들이 세례를 심각하게 생각하는 것은 이란에서 세례 후에 처형되는 사례를 많이 보았기 때문이다. 그러나 이란 회심자들은 생명을 걸고 회심하고 세례를 받으려 한다. 보통 처음 교회에 온 후 회심하기까지 1년, 회심을 결심하고 세례 받기 까지 또 다시 1년 정도 소요된다. 세례에 1년씩 걸리는 이유는 회심자의 사정보다는 각 교회의 년간 세례일정이 정해져 있어서 그에 따라야 하기 때문이다.

어떤 회심자는 세례 후 너무 행복하고 기쁨이 넘치는 생활을 한다고 간증한다. 다른 회심자는 자신의 세례 사실이 절대로 알려지지 않기를 원한다. 한국에서는 큰 문제가 되지 않지만, 세례 사실이 알려지면 이란에 있는 가족이 위험에 처할 수 있고, 회심자가 귀국할 때 이란공항에서 적발될 수 있기 때문이다. 국내 이란 기독교인과 회심자들의 동향은 주한이란대사관에서 주도면밀 하게 수집해서 본국정부에 보고하는 것으로 알려 지고 있다. 대제국을 운영해 본 경험이 있는 후예답게 이란 정부의 정보수집능력은 매우 탁월한 것으로 간주되고 있다.

본 연구를 통하여 이란 회심자에게는 회심 후 대략 3개 그룹으로 나누어 지는 것으로 확인되었다. 세 그룹은 리더, 평신도, 경계선 그룹이다. '리더 그룹'은 단순히 기독교 복음을 받아들인 후 회심하는데 그치지 않고 일생을 주의 종으로 헌신하겠다고 결심하는 그룹이다. 21명 중 6명이 이에 해당된다. 4명은 신학공부를 마친 후 전도사로서 이란인교회를 섬기고 있고, 다른 2명은 신학교 재학 중이다. 이 그룹 회심자들은 성경공부 중에 소명을 깨달았고 주님께 순종하기로 결심한 분들로 이란과 무슬림세계에 복음전파를 하려는 열정을 갖고 있다.

'평신도 그룹'은 성경의 진리에 확신을 갖고 회심한 후, 술 담배를 끊고, 거룩한 생활을 하려고 노력하려는 그룹이다. 교회에 정기적으로 출석하고 적극적인 예배자이고 봉사자이다. 자신의 죄가 사해졌다는 믿음으로 기쁨으로 살고 있으며 무슬림 선교에 대한 적극 후원자들이다. 22명 중 10명이 평신도 그룹에 속한다.

'경계선 그룹'은 기독교로 회심하고 세례까지 받았지만 아직 이슬람과 기독교의 경계선에 있는 그룹이다. 22명 중 나머지 5명이 이 그룹에 속한다. R/1은 매우 지적인 이란인으로서 기독교 복음을 분석하지만 자신은 아직 이

성적으로 이해되는 않는 부분이 있다고 말한다. 이 그룹에 속한 회심자들은 자신들의 피 속에 이슬람의 전통이 너무 강하게 뿌리박고 있어서 이를 씻어내는데 더 시간이 필요하다고 말한다. R/12는 자신은 60% 기독교인이고 아직 40%는 무슬림이라고 한다. 가끔씩 교회지도자들과 충돌하는 이 그룹 회심자들은 자신들의 무슬림 비율은 점차 줄어들고 온전한 크리스천이 될 날이 속히 올 것이라고 말한다.

본 연구를 통해서 알게 된 사실은 이란에 거대한 기독교 부흥의 물결이 일어나고 있다는 것이다. 송탄에 있는 VCF-K의 담임목사인 보노우스키(Bornowski)는 이란에서 전해들은 정보를 인용하면서, 이슬람 혁명 전의 팔레비 왕조는 친미정권이어서 선교가 자유로웠는데, 당시 기독교인은 이란 전국에 7천 명에 불과하였다고 한다. 그러나 이슬람 혁명 후인 지금은 복음전파의 길이 완전히 막혀 있는데도 기독교인이 70만 명으로 100배 이상 늘어 났다고 전한다. 이것은 이제 시작에 불과하다는 것이다. 복음은 이미 위성으로, 인터넷으로, 방송으로, 사람간 교류를 통해서 이란 국내와 디아스포라이란인들에게 속속 전해지고 있다.

국내 이란교회의 지도자가 된 R/4는 이란의 미래에 대해서 예레미아 49:34-39의 말씀이 이루어질 것이라고 이란 기독교인들은 믿는다고 하였다. 지금에 와서 보니 R/4 자신이 이란을 떠나 한국에 온 것은 다 하나님의 계획 속에 있었고, 자신을 앞으로 어떻게 사용하실지도 하나님의 계획 속에 있다고 고백했다. 시간제 영어교사인 R/11F는 현재의 이란 정부를 가라앉는 배로 비유하면서 가까이 가면 안 된다고 하였다. 배와 함께 침몰될 수 있기 때문이라는 것이다. 이란에 커다란 역사의 변화가 일어나고 있는데 어떻게 전개될지는 계속 주목해 보아야 할 것이다. 그리고 이 변화는 한국에 와 있는 이란 회심자들의 현재와 미래의 삶에 지대한 영향을 미칠 것이 분명해 보인다.

V. 결론

왜 무슬림들은 생명의 위험을 무릅쓰고 기독교로 회심하려는가? 이 질문에 대한 답변을 찾고자 본 연구에서는 한국에 거주 중에 기독교로 회심한 인도네시아 무슬림 11명, 이란 무슬림 21명, 총 32명을 직접 인터뷰하고 그 내용을 사회문화적, 교리적, 경험적 관점에서 회심 요인을 분석하였다. 연구방법은 질적 연구 방법의 하나인 근거이론(Grounded theory)을 사용하였다. 인도네시아 무슬림과 이란 무슬림이 회심한 연구 내용을 표2와 같이 서로 비교함으로써 두 그룹간의 회심 요인이 보다 분명히 드러나도록 하였다. 그리고 이 비교결과를 다시 우드베리팀의 연구 결과와 비교함으로써 연구의 객관성과 타당성을 검증하고자 하였다.

사회-문화적 관점에서, 인도네시아 회심자들은 이주노동자와 국제결혼 그룹별로 원인은 달라도 "한국 생활에의 적응에 따르는 어려움"이 기독교에 대해서 관심을 갖게 되는 동기였다. 감성적이고 자신의 의견을 명확히 밝히는 않는 성향의 인도네시아 회심자들은 먼저 무슬림과의 친교가 이들의 마음을 여는 시작점이었다고 말한다. 인도네시아 회심자들은 주변 기독교인들의 삶을 세밀히 관찰하면서 좋은 느낌을 갖게 되고 기독교를 긍정적으로 보기 시작하였다.

이란 회심자들은 "1979년 이슬람 혁명의 직간접적인 영향으로 한국으로 온 것"이 회심의 결정적인 원인이었다. 해외생활을 위한 준비가 안 된 상태에서 한국에 왔고 대부분 불법체류자 신분이었으므로 한국에서의 삶은 여러 고통을 수반하였다. 이러한 심각한 고통은 회심자들을 한국 내의 이란인 교회로 인도하는 환경이 되었다. 교회 내에 회심을 촉진하는 추진자의 역할이 중요하였다. 그리고 한국 사회의 종교적 자유가 두 그룹의 회심을 만드는 기반이 되었다.

표 2. 인도네시아 회심자, 이란 회심자, 우드베리팀간의 회심 요인 비교

관점	인도네시아 회심자	이란 회심자	우드베리팀의 조사1
	11명	21명	약 750명의 회심자 (30개국)
사회-문화적	한국에서의 삶에 적응	이란 혁명 후 한국에서의 고통	기독교인의 삶의 방식 (가장 큰 영향력)
	친교, 더 깊은 친교, 사랑과 복음 나누기	교회 내 적극 추진자	이슬람 시절의 나쁜 경험
교리적		페르시아 성경의 결정적 역할	하나님의 사랑에 대한 성경의 가르침
	직관적 느낌 (라사, *Rasa*)	진리 추구 (하크 주, *Haq ju*) 전통의 부활	성경의 영적 진리
	구원의 확신	구원의 확신	구원과 용서에 대한 확신
	인도네시아인의 관점에서 삼위일체 이해	이란인 관점에서 삼위일체 이해	
경험적	국제결혼생활에 적응	국제결혼 통한 기독교문화에 적응	
	문제해결을 통한 하나님의 능력 경험	예수님에 대한 꿈과 비전	기도 응답과 치유에 대한 하나님의 능력
	일상생활에 대한 실질적인 도움 (지금, 여기)	한국 내에 오래 거주	

우드베리팀의 연구는 회심 요인을 여섯 가지로 압축하여 제시했다. 우드베리팀이 여섯 가지 요인을 사회문화적, 교리적, 경험적으로 구분한 것은 아니었고, 연구자가 비교하기 위해서 임의로 구분한 것이다. 여섯 가지 회심 요인 중 가장 영향력이 큰 요인은 "기독교인의 삶의 방식"이었다. 주변의 기독교인의 삶을 보고 감동을 받아서 기독교 복음을 받아들인 것이다. 다음은 "이슬람 시절의 나쁜 경험"이 회심의 계기라고 제시하였으나, 한국의 인도네시아와 이란 두 그룹에서 나쁜 경험이 일부 있었으나 회심의 주요 원인은 아니었다.

교리적 관점에서, 인도네시아 회심자들에게 "성경은 회심에 보조적인 역할"을 하였다. 이는 인도네시아인들이 '직관적 느낌'(*Rasa*)으로 사물을 판단하고 세상을 인식하는 세계관에 기인한 것으로 보인다. 삼위일체 교리를 이해시킬 때도 꾸란에 나오는 '말씀'과 '영'에 대한 구절을 근거로 설명하고 이해시키는 방법을 택하였다.

이란 회심자에게 "파르시 성경(*Farsi* Bible)공부가 회심에 결정적인 역할"을 하였다. 이는 이란인들이 '진리를 추구'(*Haq ju*)하는 전통이 있기 때문이다. 파르시 성경을 읽고 자신들이 알아왔던 꾸란의 내용과 성경 중에서 어느 편이 참 진리인지 판단하기 위하여 이란인들은 의문이 가는 내용을 조사하고, 비교하고, 평가하는 노력을 아끼지 않았다. 삼위일체 교리를 이해하는데도 이란인들은 신앙초보자, 감성적인 사람, 지적인 사람 등 청중의 수준을 고려하여 적합한 예화를 제시하면서 삼위일체 교리를 설명하였다.

우드베리팀은, 교리적인 측면에서 첫째, 하나님의 사랑에 대한 성경의 가르침, 둘째, 성경의 영적 진리, 셋째, 구원과 용서에 대한 확신 등 세 가지를 회심의 요인으로 밝힌다. 구원에 대한 확신은 세 그룹에서 공통적으로 발생하였다. 그러나 성경이 회심에 미치는 영향력은 각 그룹의 고유문화와 역사적 배경에 따라 다른 결과가 나왔다.

경험적 관점에서, 인도네시아 회심자들은 문제해결을 통한 하나님의 능력을 경험하면서, 또 일상생활에 자신들에게 실질적인 도움을 주는 것을 보고 복음을 받아들였다. 초자연적인 경험으로 예수님에 대한 꿈은 한 명의 회심자에게서만 나타났다. 성경에 깊은 뿌리를 둔 회심이 아니였고 일상생활을 더 중요시하는 경향으로, 기독교 지도자로 헌신하려는 인도네시아 회심자는 한 명도 나오지 않았다.

이란 회심자 중에는 예수님을 꿈에서 만나는 초자연적 경험을 한 것이 회심에 아주 영향력 있는 요소였다. 이란 회심자(10.9년)들은 인도네시아 회심자(8.2년)보다 한국에 오래 체류하였으며, 오래 체류할수록 회심자가 더 많이 나오는 것으로 나타났다. 이란 회심자 21명 중 목회지도자가 6명 나온 것은 성경을 바탕을 둔 확고한 믿음에 의한 회심이기 때문으로 보인다. 복음에 열려있는 국내외 이란인들이 폭발적으로 늘어나고 있지만, 목회자가 절대 부족한 현재의 이란의 상황에서 한국에서 목회자가 양성된다는 것은 바람직한 현상으로 보인다.

우드베리팀은 "기도 응답과 치유에 대한 하나님의 능력"을 체험한 것이 6가지 회심 요인 중 하나라고 제시하였다. 특히 무슬림들은 하나님의 능력을 실제로 체험하는 것이 회심과 믿음의 성장에 매우 중요한 요소임을 다시 확인 할 수 있었다.

이를 이론적으로 종합하면, 인도네시아 회심자들은 현실적 삶을 중시하는 문화에 따라 정서적인 방식으로, 그리고 이란 회심자들은 진리를 추구하는 전통에 따라 이성적인 방식으로, “환경, 만남, 평가, 변환”의 네 단계를 거치면서 예수 그리스도를 받아들였다. 결론적으로, 본 연구를 통하여 무슬림에게 복음을 전파하기 위해서는 각 나라와 민족의 고유한 문화와 역사적 배경을 충분히 이해한 후, 단계적으로 복음이 받아들여지도록 사랑으로 인도하여야 함을 확인할 수 있었다.

국제적인 이주가 왕성해지는 오늘날, 양적으로 증가하고 있는 한국 거주 무슬림들과 전 세계 무슬림들에게 생명의 복음을 전하는데 본 연구 결과가 작은 도움이 되었으면 하는 바람이다. 무슬림에 대한 정보가 블랙박스로 남아 있는 한국의 현실에서, 이제 그 속의 내용이 해석되고 공유되어서 무슬림들에게 효과적으로 다가서고 복음이 전파되어야 할 것이다. 추가적인 연구 분야로, 회심자들이 본국으로 귀국한 후 기독교 신앙을 어떻게 유지하고 변화해 가는지에 대한 연구가 필요하다고 본다.

참고문헌

김형준. "이슬람의 유입과 자바 무슬림의 능동적 대응" 『동남아시아연구』 21권 2호,(2011)

박재현. 『페르시아 이야기: 이란의 과거와 현재에 대한 현지대사의 분석보고』. 서울: 지식과 감성, 2013.

양승윤. 『인도네시아』. 서울: 한국외국어대학교출판부, 2013.

양승윤. 『인도네시아사』. 서울: 대한교과서, 2005.

양승윤. 박재봉, 김긍섭. 『인도네시아 사회와 문화』. 서울: 외국어대학교출판부, 1997.

유해석. 『우리 곁에 다가온 이슬람』. 서울: 생명의 말씀사, 2014.

유흥태. 『이란의 역사: 이슬람의 유입에서 이슬람 혁명까지』, 파주: 살림출판사, 2012.

유흥태. 『고대 페르시아의 역사: 아케메니드 페르시아, 파르타아왕조, 사산조 페르시아』, 파주: 살림출판사, 2013.

이규대. "인도네시아 이슬람 이해." 석사학위논문. 서울: 장로회신학대학교 세계선교대학원, 2009.

이희수. 『이희수 교수의 이슬람』. 파주: 청아출판사, 2014.

전제성, 유완또. 『인도네시아 속의 한국, 한국 속의 인도네시아』. 서울: 이매진, 2013.

최승아. 『오! 이런, 이란』. 서울: 휴머니스트 출판그룹, 2014.

Bradley, Mark. *IRAN: Open Hearts in a Closed Land*. UK, Authentic Media, 2007.

Burke, Andrew and Mark Elliott. *Iran*. Footscray: Australia: Lonely Planet Publications, 2008.

Burke, Andrew and Mark Elliott. *Iran*. Hong Kong: Lonely Planet Publications, 2008.

George W. Braswell, Jr. *Islam: Its Prophet, Peoples, Politics and Power*. Nashville, TN: Broadman & Holman Publishers, 1996.

Greenlee, David H. *From the Straight Path to the Narrow Way*. GA, USA: Authentic Media, 2006.

Han, Kwon-Shik. *Conversion of Iranian and Indonesian Muslims in South Korea to Evangelical Christianity*. PhD diss., Seoul, Torch Trinity Graduate University, 2012.

Huntzinger, Allyn. *Persians in the Bible*. Woodstock, GA: Global Commission, 2004.

Mandryk, Jason. *Operation World: Seventh Edition*. Colorado Springs, CO. USA: Biblica Publishing, 2010.

Rambo, Lewis R. "The Psychology of Conversion" in *Handbook of Religious Conversion*, Birmingham, Alabama: Religious Education Press, 1992.

Syrjänen, Seppo. *In Search of Meaning and Identity: Conversion to Christianity in Pakistani Muslim Culture*. Vanmala: The Finnish Society for Missiology and Ecumenics, 1984.

Vaisuitis, Justine. *Indonesia*. Hong Kong: Lonely Planet Publications, 2007.

Woodberry, J. Dudley, Russel G. Shubin,and G. Marks, "Why Muslims Follow Jesus." *Christian Today*, Vol. 51, no. 10 (Oct., 2007): 80-85.

중동 이슬람 세계의 최근 변화와 기독교 선교

황디모데*

Ⅰ. 서론

Ⅱ. 아랍의 봄과 중동 이슬람 세계의 변화

Ⅲ. 급변하는 이슬람 세계의 새로운 선교 환경

Ⅳ. 중동 이슬람권을 향한 변화하는 기독교 선교
(Transforming Missions)

Ⅴ. 맺음말

* 소아시아 아랍권 이슬람 연구가

ABSTRACT

Timothy Hwang

This paper investigates recent drastic changes of the Islamic world after Arab Spring, and proposes missiological approaches relevant to a new missional environment of the region. By evaluating the consequences of Arab Spring in the Islamic societies in the Middle East and North Africa, four distinctive factors are identified as the components of a new missional environment of the region; 1) ongoing political conflicts and regional instability among different groups for various reasons including *Sunni-Shia* conflict and civil wars; 2) sharp contrast of ideological conflicts and strifes within Islam, especially between Islamic modernism (seeking an Islamic society compatible with the western civilization) and Islamic revival or reformation (seeking an Islamic society which is established solely upon the *Sharia* law and *Sunnah* to restore the ideal Islamic *Umma* community); 3) a new realization of civil power by Arab public, especially among young generation; and 4) the increasing integration of Gulf Arab countries into the global market and their economic growth.

This newly developed missional environment of the region provides challenges and new opportunities for the Kingdom missions. This paper proposes five directions for a transforming missions relevant to such a new circumstance: 1) a bold and proactive evangelistic approach toward the young Muslims because of their openness and hunger for a new alternative in their worldview; 2) developing a deepened partnership with the majority world Christian missions including "missionaries from below" (foreign workers and housemaids in Arab world); 3) developing a biblical inter-faith dialogue with Muslims; 4) developing a holistic missions strategy for the Arab world; and 5) supporting and strengthening Arab evangelical churches and Christians that have been living with Muslim communities integrally. Although these proposals are nothing new to the missionary efforts, a changed circumstance of the Middle East and North Africa demands a renewed emphasis on these factors. The writer also emphasises the importance of the missionary fundamentals such as prayer movement for Islamic world, passionate heart for evangelism and church planting among Muslims, and

Christ-like humility of missionaries among fellow Christians and Muslim nations.

● **Key words**

Arab Spring, Recent Developments of the Islamic World, Missiological Approaches to the Middle East.

Ⅰ. 서론

21세기 이슬람 세계가 급변함에 따라 국제 정세는 큰 영향을 받고 있다. 9·11 테러를 시작으로 급진적 근본주의 이슬람 세력과 관련된 몇 차례의 전쟁이 치뤄진 이후, 전 세계인들은 이슬람에 대한 인식을 분명히 하게 되었고 무슬림들의 세계관과 종교에 대해 더 많은 관심을 가지게 되었다. 무슬림들을 향한 기독교 선교 역시 이러한 이슬람 세계의 변화에 주목하고 새로운 상황에 적합한 선교적 기회들을 찾아서 보다 적극적으로 하나님 나라의 복음을 전파해야 하는 기로에 서게 되었다. 본고는 현대 이슬람 세계의 변화를 아랍의 봄(Arab Springs)과 그 영향을 중심으로 살펴보되, 최근에 일어난 중동 이슬람 세계의 변화가 열어준 새로운 선교적 환경에 대한 분석과 그에 적합한 기독교 선교의 방향을 제시하고자 한다.[1]

Ⅱ. 아랍의 봄과 중동 이슬람 세계의 변화

2010년 12월에 튀니지에서 시작된 민중봉기는 북부 아프리카와 전 중동 국가들에 직간접적 영향을 미쳤고 각 국가들마다 각기 다른 정치적 사회적 결과들을 경험하였다. 표면적으로 움직이지 않을 것 같던 독재자들이 무너졌고(튀니지, 리비아, 이집트 등), 정치적 대안으로 나온 지도자들이 자리매김을 하며 정치적 사회적 안정을 도모하고 있으나 정치적 안정과 민주적 사회로의 변화가 이뤄지기까지 시일이 걸릴 것으로 보인다.[2] 일부 왕정국가들

1 이슬람 세계는 워낙 광범위하고 다양하기 때문에 본고에서는 그 범주를 중동 이슬람권으로 제한하여 조명할 것이다. 이슬람 세계를 주요 언어 인종 단위로 구분하는 것이 유익한데 아랍 세계, 페르시아 세계, 투르크 세계, 남아시아 세계, 동남아시아 세계, 사하라이남 세계로 구분할 수 있다. 김마가, "세계선교동향: 이슬람 선교의 동향," 「선교타임즈」(2013:9-10):8, 96-100을 참조하라.

2 독재정권 아래 있었던 대부분의 나라들에서는 정치적 대안을 마련할 수 있는 정당정치나 사회 단체의 활동은 감시와 극심한 통제를 받았기 때문에 독재정권이 물러난 뒤에도 정치적 지도력을 구축하는데 시일이 걸리는 것으로 보인다. 리비아는 현재까지도 내전 중이며, 이집트는 무슬림 형제단이 일년간 통치에서 실정한 뒤 다시금 군사정권에 의해 물러나고 말았다.

(요르단, 모로코, 사우디아라비아, 걸프 산유국 등)은 민중들의 봉기가 그들의 존재에 큰 위협이 될 것으로 예상되었으나 오히려 완만한 전환을 이루어 민중의 불만들을 무마하는데 성공하였고 지속적으로 정치적 안정을 이룬 것으로 평가된다.[3] 한편 이슬람 세계 내부적으로 잠재되어 있던 종파간 및 사상적 갈등이 정치적 군사적 행동으로 발전되어 무슬림들 사이의 내전으로 번져간 것은 아랍의 봄 이후 기대하지 않았던 결과가 아닐까 싶다. 현재 시리아와 이라크에서 군사적 행동을 하고 있는 IS(Islamic State 혹은 ISIS: Islamic State in Iraq and Syria)는 이슬람 내부적으로 내재해 있는 이념적 갈등을 표면화시킨 실례라 할 수 있다. 그렇다면 이러한 변화들이 선교적으로 어떤 의미를 가지는가? 아래에서는 중동 이슬람 세계의 새로운 환경 중에서도 기독교 선교에 있어서 의미있다고 판단되는 부분을 네가지 측면으로 기술하고 기독교 선교에 미치는 도전과 기회를 살펴본다.

1. 중동 이슬람 세계 내부에서 증가하는 분쟁

사무엘 헌팅톤이 제시한 문명충돌론은 국제관계 특히 이슬람 세계와 서구의 관계를 이해하는 데 중요한 틀을 제공해 주었다.[4] 헌팅톤의 견해에 따르면 21세기는 서구 문명권과 이슬람 문명 사이의 충돌이 불가피하고 그 충돌이 세계 질서의 재편에 영향을 줄 것이라는 것이다. 이 제시는 국제관계의 큰 틀에서 보면 분명 맞는 진단이고 아직도 이러한 충돌의 양상이 이슬람 세계와 서구 문명 사이에 크고 작은 갈등들을 빚어내고 있다. 하지만 최근 중동 이슬람 세계에서 일어나는 변화는 또 다른 하나의 차원이 더 가미되었음을 보여 준다. 이슬람 세계 내부에서 일어나는 분쟁과 충돌이 더욱 가시화되

3 BBC의 중동 통신원 Kevin Connolly는 아랍의 봄이 낳은 가장 기대하지 않은 결과 열가지 중 첫번째로 이슬람 왕정들의 건재함을 들고 있다. Kevin Connolly, "Arab Spring: 10 Unpredicted Outcomes," BBC World News (13 December, 2013). 아래의 웹사이트를 참고하라. http://www.bbc.com/news/world-middle-east-25212247.

4 사무엘 헌팅톤, 『문명의 충돌』, 이희재 역 (서울: 김영사, 1997)을 참조하라.

는 현상은 이슬람 세계가 서구와 갖는 외부적 갈등만큼이나 중요하게 이슬람 내부에서의 갈등을 주목해야 함을 보여 준다.

현대 국가간 혹은 민족간 분쟁이 발생하는 원인은 다양하다. 민족 사이의 갈등, 종교적 이유(종교간 혹은 종파간 이념차이), 영토 분쟁, 정치적 알력 다툼, 테러리스트와 게릴라 등 그 원인이 다양하고 복잡한 양상을 띈다.[5] 이슬람 세계 내부의 분쟁의 역사는 이슬람 태동기부터 시작된 정치적 알력다툼과 종파적 이념 차이에서 비롯한 순니파와 시아파의 분쟁으로 거슬러 올라간다. 그 갈등이 정치적으로 표출된 일례가 이란과 이라크 사이의 오랜 전쟁과 이라크 및 시리아에서 일어난 국내적 갈등과 내전이라 하겠다.

최근 국제적 근심을 야기하고 있는 IS 사태는 어쩌면 다층적 분쟁의 원인을 포괄적으로 안고 있는 현상이다. IS의 분쟁 대상들은 다양한데 그 목록은 다음과 같다. 시리아 정부군(시아 중심), 시리아 반정부군(온건파 순니계열), 이라크 정부군(시아 중심), 쿠르드 민병대(민족적-이념적 분쟁), 근본주의적 이슬람 국가 건설을 하지 않는 모든 이슬람 국가들 (요르단과 사우디아라비아와 같은 왕정국가들 및 세속화된 법을 가지고 친서구적 근대화를 이루는 대부분의 이슬람 국가들). 그야말로 반서구일뿐 아니라, 이슬람 내에서도 매우 배타적이면서 이슬람의 근본주의 이념 실현에 방해되는 모든 장애물들을 타도의 대상으로 간주하는 것이다.

시리아의 내전(시아 계열의 정부군과 순니 계열의 민병대), 리비아의 내전(정부군과 근본주의 계열의 반군) 그리고 더 나아가 이란 중심의 아시아 계열 국가와 사우디아라비아 중심의 순니 계열 국가들 사이의 긴장은 이슬람 세계 내부에서도 큰 균열(schism)이 존재하고 있음을 증거해 준다. 이러한 현상은 과거 이슬람 세계를 단일화된 움마 공동체로서 보던 시각에서 벗어나 더 깊이 깔려있는 분쟁의 인자가 이슬람 내부적으로 존재하고 있다는 점에 주목해야 함을 의미한다.

5 현대 분쟁에 대한 이해를 위해 세계 정세를 읽는 모임, 『지도로 보는 세계분쟁』(이다 미디어, 2005)를 참조하라.

2. 이슬람 보편주의와 특수주의 사이의 갈등

앞에서 기술한 이슬람 세계의 내부적 분쟁의 배경에는 19세기말과 20세기초 이슬람 국가들의 근대화 과정에서 시작된 "이슬람의 근대화 논쟁"이 존재한다. 근대 국민국가(Nation State)가 형성될 당시 자립적인 근대화를 경험하지 못한 대부분의 이슬람 세계 민족들은 이슬람 근대주의와 이슬람 개혁주의라는 두개의 사조에 의해 영향을 받았다.[6] 이 둘 사이의 차이점을 아이라 라피두스는 아래와 같이 설명한다.

> 이슬람 근대주의는 19세기 이슬람 정치엘리트와 지식인의 교의였으며 … 핵심원리는 이렇다. 무슬림이 유럽 열강에 패한 것은 자신의 나약함을 드러낸 것이며, 정치권력을 회복하기 위해서는 유럽의 군사기술 차용과 국가권력의 집중화, 경제의 근대화, 근대식 엘리트 교육 제공이 필수적이라는 것이었다. 이것은 이슬람 문명의 중세적 형식들이 거부되어야 한다는 뜻이지, 이슬람 자체를 부정한다는 뜻은 아니었다. 오히려 이슬람은 자기 안에 내재해 있었지만 무시되어왔던 합리성-윤리적 행동주의-애국주의를 바탕으로 재구성되어야 할 것이었다.7
>
> 이슬람 개혁주의는 울라마와 그를 따르는 상인과 직인, 부족의 지도자들이 제시한 대안적 대응 방안이며 … 개혁주의는 유럽의 침략이 시작되기 전인 17~18세기에 이미 시작되었다. 아라비아와 카이로에는 울라마와 수피들의 비공식 학술단체가 코란-하디스-이슬람법에 대한 연구와 수피 금욕주의에 바탕을 두고 이슬람의 신앙과 의식을 정화해 갔다. 그들은 예언자 무하마드를 철저하게 따르는 것을 무슬림의 이상적인 삶으로 규정했다. … 이 개혁가들은 개개인의 규율과 도덕적인 책임을 중시하는 종교와 보편적인 이슬람 사회의 건설을 추구했다. 그들은 이슬람의 타락을

---

6 아이라 M. 라피두스, 『이슬람의 세계사 2』, 신영성 역 (이산, 2008), 792-809

7 라피두스, 『이슬람의 세계사 2』, 796-97.

> 방지하고 정의로운 이슬람 공동체를 창조하기 위해 필요하다면 군사행동도 불사한다는입장이었다.[8]

이슬람 개혁주의는 보편적인 이슬람 종교적 지배에 의한 사회를 꿈꾸며 전 세계가 인종이나 민족의 구분이 없이 이슬람의 움마 공동체로서 세워질 비전을 제시한다. 이 목표를 성취하려면 모든 서구적 세속주의를 타파하고 서구의 압제로부터 무슬림 움마 공도체를 구출해야 하고, 이를 위해 무력의 사용조차 불사한다. 현대의 알카에다나 IS가 이런 이슬람 보편주의의 극단적 형태이다. 아프가니스탄 전쟁에 의해 알카에다의 핵심 리더그룹이 사라지는 듯 하였지만 그 명맥은 이어져 왔고 다양한 지역적 근거를 바탕으로 새로이 결집하고 있는 양상이다.[9] 즉 이러한 이슬람 보편주의를 극단적으로 추구하는 그룹들은 앞으로도 이슬람 세계 곳곳에서 다양한 형태로 그 존재를 이어갈 것으로 예상된다.

하지만 현실적으로 대다수의 무슬림들은 극단적 이슬람의 보편주의를 동의하지 않을 뿐 아니라, 이슬람의 보편주의적 성향보다 각 민족과 국가적 정체성을 강조하는 이슬람 특수주의적 견해를 지지한다. 그 원인에 대해 라피두스는 무슬림이 가진 이중적 정체성 사이의 양의성에서 기인한다고 아래와 같이 설명한다.

> 이슬람 정체성은 다른 정체성과 분리되어 있는 경우가 거의 없다. 무슬림은 이슬람뿐만 아니라 가족, 부모, 민족집단 또는 국가에 충성을 바친다. 무슬림은 이슬람 정체성을 통해 보편적인 귀속감을 가지지만, 그들의 세속적 정체성은 특정 공동체에 뿌리를 내리고 있다. 이 두가지 정체

8 라피두스, 『이슬람의 세계사 2』, 799-801.

9 흥미로운 점은 알카에다의 사후 조직으로 간주되는 그룹이 시리아에서만 셋으로 나눠져 있다. 알누스라, 호라잔, 그리고 IS이다. 이들 사이에서 이슬람의 이념적 차이로 인하여 서로를 대적하며 전쟁을 하고 있는 양상을 보이고 있다. 호라산(Khorasan) 그룹은 http://www.vox.com/2014/9/26/6836491/khorasan-isis-syria-al-qaeda, 알누스라(al-Nusra) 그룹은 http://www.bbc.com/news/world-middle-east-18048033, 그리고 IS는 http://www.bbc.com/news/world-middle-east-29052144를 참조하라.

성이 결합하여 부족적인 이슬람 또는 이슬람 내셔널리즘 같은 현상이 나타나는 것이다. 각종 이슬람 운동이 국민국가나 특정 공동체에 흡수되는 것은 이슬람 문화 자체에서 연유한다. 다시 말하면 이슬람을 실현하기 위해 이슬람 국가가 필요한지, 신앙심이 깊은 개인과 소규모 공동체만 있으면 충분한지에 대한 내면적인 양의성에서 기인한다. 이슬람 사회의 건설이 개개인의 마음에 달려 있는지 아니면 국가라는 조직체의 통제를 필요로 하는 것인지에 대한 문제, 그리고 이슬람이 개인의 종교인지 아니면 정치집단의 종교인지에 관한 문제는 결코 속 시원하게 해결되지 않고 있다. 이 양의성으로 인해 이슬람 운동은 정치적 목표와 사회-문화적인 목표 사이에서, 또 보편주의적인 원리와 특수주의적인 정황 사이에서 오락가락하는 경향을 보이는 것이다.[10]

… 국가는 더욱 세속화되고, 종교단체는 공동체와 개인의 이익으로 관심의 방향을 돌리는 경향이 있다. 이와 동시에 세속화 경향에 강력하게 반발하는 이슬람 종교운동과 정치운동이 부활하고 있다. 그중 일부는 이슬람을 이데올로기적 정치적으로 해석하기도 하지만, 나머지 대다수는 개인-공동체-정치라는 생활의 모든 자원을 이상적으로 재통합되길 열망한다.[11]

그렇다면 민족국가를 근간으로 하는 이슬람 국가들의 대부분의 국민들은 세속적 국가체제를 기반으로 이슬람을 개인의 신앙체계로 실천하고자 한다고 볼 수 있다.[12] 더구나 세계화가 지속되고 이슬람 국가들이 세계 경제체제

10 라피두스, 『이슬람의 세계사 2』, 1450.

11 라피두스, 『이슬람의 세계사 2』, 1453.

12 아랍의 봄 이전과 이후 4개국 총 만명을 넘는 현지 국민들을 대상으로 설문조사를 한 자료는 흥미로운 결과를 보여 준다. 정체성을 묻는 질문에 대하여 2011년 "나는 어느 국민(이집트인, 이라크인, 레바논인, 사우디인)이다"(국민적 정체성)는 것이 "나는 무슬림이다"(종교적 정체성)와 "나는 아랍인이다"(인종적 정체성)는 것보다 더 우세하게 나타났다. 이집트의 경우 2001년에는 무슬림으로서의 종교적 정체성이 81%로 가장 높이 나타났던 반면 아랍의 봄 이후 2011년에는 이집트인으로서의 국민적 정체성이 50%로서 종교적 정체성(48%)을 약간 앞지른 으로 나타났다. 이 변화는 사우디 국민들에게도 동일하게 발견되는 바, 아랍의 봄 이후 사람들이 국가 및 국민적 정체성에 더 많은 비중을 두고 있음을 보여 주는데 이것은 이슬람 보편주의를 추구하는 이슬람 개혁주의 사상은 여전히 현실적으로 거리가 있음을 보여 준다. Mansoor

안으로 더 깊이 통합되고 편입된다면 이러한 추세는 지속될 것으로 보인다. 물론 그런 경향에 대항하기 위하여 이슬람의 보편주의를 추구하는 그룹들은 더 격렬한 반응과 저항 세력으로 활동할 것이 예상된다. 이 두 진영 사이의 갈등과 분쟁은 향후 지속적으로 이슬람 세계의 정치적 안정과 국제질서를 불안하게 만드는 요인이 될 것이다.

3. 아랍의 봄 이후 상승된 민중 시민의식과 새로운 지평

아랍의 봄의 성격 및 그 결과에 대해서는 여러가지 각도에서 평가할 수 있겠으나 가장 중요한 것은 중동 국가들 가운데 형성된 시민의식과 그 거대한 힘을 보여 준 사건이란 점에 있다. "이슬람과 민주주의는 과연 공존 가능한가?"라는 오래된 질문을 다시금 상기시키는 사건이기도 하다. 그래서 많은 학자들은 아랍의 봄을 통해서 나타난 시민혁명 혹은 시민의식에 대해 주목하고 향후 아랍 국가들에서 전개될 민주주의 성숙에 대해 논하기도 한다.[13] 분명히 아랍의 봄을 경험한 중동 국가들의 시민들은 오래된 독재정권의 부정부패와 압제에 대항하여 목소리를 내었고 시민봉기의 힘을 확신하게 되었다. 얼마나 빠른 속도로, 어떤 과정을 거쳐서 서구식 민주주의(Western democracy)가 말하는 민주화(democratization)로의 성숙을 이루어갈 것인가는 알 수 없다. 하지만 시민들은 이전 수십 년간 통치방식으로 사용되었던 독재자들의 전제정치와 이슬람 원리주의적 전제정치를 수용하지는 않을 것이다.

아랍의 봄에서 보여 준 시민들의 기대와 핵심가치들은 대부분의 나라들에서 공통적으로 발견되는 바, 그 내용들은 정의, 자유, 존엄성, 국민에 대한 존중, 경제적 안정과 실업문제의 해결 등으로 요약될 수 있다. 통치자들과

Moaddel, et. al., "The Arab Springs: What It Represents & Implications for National Security," *Middle Eastern Value Studies*, http://mevs.org/files/tmp/ArabSpring.pdf.

13 몇가지 국제학술지에 실린 글들을 예를 보자면, Journal of Democracy (http://www.journalofdemocracy.org/sites/default/files/Stepan-24-2.pdf), *German Institute of Global and Area Studies* (http://www.giga-hamburg.de/de/system/files/publications/gf_international_1201.pdf), 또는 *Middle East Law and Governance* (http://mthoffma.mycpanel.princeton.edu/Hoffman_Jamal_MELG.pdf) 등이 있다.

공권력이 시민들의 권리를 인정하고 존엄성을 지켜줄 것, 부정부패를 척결하고 사회자본들에 대해 균등한 접근을 가능하게 할 것, 법치주의에 의한 사회 운영을 함으로써 특권층과 엘리트들을 위한 특례와 불평등을 해소할 것, 시민들이 국제화의 진행에 참여할 수 있는 권리를 보장해 줌으로써 비지니스 경영, 나아가 국가발전과 번영, 교육과 민주 참여를 가능하게 해 줄 것 등이다.[14] 그야말로 이런 것들은 민주주의 사회에서 일반적으로 발견되는 가치들인 것이다. 즉 아랍 시민들도 정치적, 경제적 민주화가 이뤄진 국가체제와 사회구조를 요구하고 있다.

이러한 시민의식의 성장과 그 능력에 대한 인식은 향후 중동 이슬람 세계에 중요한 변수로 작용할 것이다. 민중들의 뭉쳐진 힘으로 수십 년의 독재정권을 몰아낼 수 있었다는 자신감은 권위주의적 지배계층에 대하여 저항하고 시민사회의 권익을 위해 투쟁하고자 하는 용기를 갖게 한다. 즉 자신들의 권익을 보호하려는 노력과 더불어 무조건적 순응을 요구하는 체제에 대한 저항의식이 자라면서, 이제는 독재적 권위주의적 정치지도자에게든지 아니면 극단주의적 이슬람의 종교적 권위에 근거한 지도력에게든지, 중동 시민사회는 무시할 수 없는 정치력 발판을 형성한 것임이 분명하다.

시민의식의 고양과 더불어 생겨난 중동 시민사회가 선교적으로 어떤 영향을 초래할 것인가는 매우 중요한 질문이다. 윤바울은 아랍의 봄이 가져다 준 세 가지 긍정적인 요소를 제시하는데, "구호사역을 통한 복음증거의 기회가 증가됨, 시민의식이 종교의 자유 등 인권에 대한 요구로도 연계될 것, 민주화 과정에서 드러난 폭력성이 이슬람에 대한 회의와 공동체 붕괴로까지 연결될 수 있음"을 지적한다.[15] 필자는 그의 이런 긍정적 평가에 상당 수 동

---

14 German Institute of Global and Area Studies, "Arab Springs: Triggers, Dynamics, and Prospects," GIGA Focus 2012:1, 4.

15 윤바울, "중동 민주화 운동이 이슬람권 선교에 미치는 영향과 대응: 시리아 난민 사역의 사례를 중심으로," 『전방개척선교』 48 (2013:9-10): 17-18. 반면 그는 부정적 영향으로는 선교사의 안전이 위협을 당하는 측면과 새로운 권력 투쟁 하에 이슬람 원리주의 세력이 득세할 가능성도 언급하고 있다. 실제로 IS는 외국 기자들을 인질로 잡아 금전적 이득을 챙기곤 하였는데, 그들의 이런 행동들을 보면 향후 기독교인들이나 선교사들을 향한 납치나 살해 등이 이뤄질 가능성은 더 늘어날 수 있다고 보인다.

의한다. 다만 한 가지 우려가 되는 것은 중동 아랍 세계의 시민들의 교육수준이 향후 그들의 건강한 시민의식을 결정지워 줄 것인데, 과연 대중들의 교육수준, 특히 기성세대들 중 연세가 많은 노년층과 새로이 자라나는 젊은층의 교육수준이 개혁적 시민의식 형성을 지속적으로 가능하게할 것인가라는 의구심이 있다.

이슬람 국가들 중 가장 민주화가 성숙하게 전개되었다고 평가되고 이슬람학자들 사이에서 "이슬람식 민주주의"를 이룬 나라로 손 꼽히는 터키만 하더라도[16] 에르도안(Tayyip Erdogan)이 지도하는 이슬람 정당이 주로 사용하는 방식은 인기정치(Populist politics)인데, 이것이 터키에서 가능한 이유는 투표권을 가진 국민들의 다수가 교육수준이 낮고 이슬람적 종교적 정서와 부족적 집단주의에 따라 휩쓸리는 경향이 많기 때문이다.[17] 대중의 교육수준이 낮을수록 자신들의 정치적 판단을 합리적으로 이뤄갈 수 있는 국민들의 비율이 적은데, 중동 아랍 세계의 국가들 역시 이러한 한계들을 가질 수밖에 없을 것이다. 만일 이슬람 원리주의적 기초에 이뤄진 이슬람 정치집단이 국민들이 가진 이슬람의 종교적 정서과 부족적 집단주의를 정치적으로 잘 이용하면서 세력을 얻는 것은 얼마든지 가능한 시나리오다. 그럼에도 불구하고 적어도 지금까지 형성된 시민사회의 역량이 앞으로 중동의 정치적 사회적 판도를 형성함에 있어서 중요한 역할을 할 것은 분명하고, 더불어 인권에 대한 요구와 종교적 자유에 대한 실질적인 요구, 이슬람에 대한 회의와 의문

16 이희수, 『이슬람』 (서울: 청아출판사, 2011), 35-36. 친이슬람 학자인 이희수는 아랍 국가들 대부분이 민주주의를 제대로 경험하지 않았기 때문에 아랍의 봄 이후 과도기적 혼란을 거칠 것으로 예상한다. 하지만 그는 다음과 같이 희망적 전망을 제시하한다. "… 분명한 것은 이러한 과도기적 과정을 필연적으로 거친 뒤, 궁극적으로는 이슬람의 가치를 바탕으로 서구와 협력하고 공존하는 이슬람식 민주주의가 정착할 것이다. 급진적 이슬람 정치는 뿌리 내리기 힘들 것이다. 이슬람 정당이 서구와 협력관계를 지속하면서 급속한 경제발전을 이루고, 국제적 이슈에 주도적 중재자 역할을 다하고 있는 터키가 현재로서는 아랍 국가들이 추구하는 롤 모델이 될 가능성이 높다."

17 저자는 이희수가 터키를 이슬람식 민주주의의 모델이 되는 나라라는 주장에 동의할 수 없다. 터키는 오히려 공화국 설립 당시 이슬람을 탈피하고자 하는 아타투르크주의에 기초하여 국가의 근간이 형성되었고, 역사적으로 네차례의 군사혁명을 거쳤음에도 불구하고 민주주의로 사회적 전환을 이룰 수 있었던 만큼 성숙한 민주주의적 기강을 가진 나라이다. 이슬람 정당이 이슬람식 민주주의를 만들어 낸 것이 아니라, 민주주의의 토양위에 이슬람 정당이 효과적인 정략을 세워 정치적 영향력을 지난 십여년 동안 펼칠 수 있었던 것이다.

등 새로운 선교 환경에 대한 기대를 해 봄직 하다.

4. 걸프 아랍세계의 세계화 편승과 경제발전

아랍의 봄이 가장 큰 변화를 초래한 중동 나라들이 대부분 경제적으로 가난하고 독재정권에 의한 탄압이 있었던 것이 특징인 반면, 오히려 놀라울 정도로 걸프 아랍국가들은 아랍의 봄 이후에도 신속히 정치 사회적 안정을 되찾고 지속적 경제발전을 이루고 있다.[18] 독재적 전제주의 체제에 저항하는 것이 아랍의 봄의 핵심가치였다고 하면 이슬람 왕정의 통치 역시도 매우 심각한 도전과 흔들림을 경험했어야 마땅하다. 모로코, 요르단, 사우디아라비아 등에 있는 왕가(royal families)들은 다양한 방법으로 아랍의 봄의 정치적 소용돌이를 피하여 안정을 유지했다.[19] 이들은 산유국으로서 친서구적 정책과 지속적 경제발전과 안정으로 세계화에 편입된 공통적 특징을 가진다. 정치적으로는 민주화의 모습과 다소 거리가 먼 것처럼 느껴지면서도 왕가에 대한 일종의 충성이 사회적으로 존재하는 것 같기도 하다. 가장 중요한 것은 석유자원에 의존한 경제적 안정이 정치적, 사회적 안정으로 연결되어 국민들의 불만을 잠재우기에 충분했었던 것 같다.

걸프 국가들의 특징은 자국민 인구대비 외국인 근로자들의 수가 많고 그들의 노동력에 의존하는 경제구조를 가지고 있다는 점이다. 걸프연합국가(Gulf Cooperation Council: GCC)들은 현재 풍부한 자원에 근거하여 가장 빨리 성장하는 경제를 가지고 있으며, 경제성장의 인적 동력은 외국인 근로자들이다. 지금까지는 아시아 근로자들이 많았고 점증적으로 아프리카 근로자들이 증가하는 추세이며, 이들은 민영기업들에서 매우 어려운 노동환경과

18 Connolly, "Arab Spring: 10 Unpredicted Outcomes."

19 순니파 소수 지배층인 바레인은 사우디의 군사력에 의존하여 다수의 시아파 민중봉기를 잠재울 수 있었으나, 카타르는 공공기관의 월급수준을 상승시켜줌으로써 무마하였고, 사우디아라비아 역시 여성참정권과 같은 몇가지 중요한 정치적 공약을 내세우고 석유자본의 이득을 효과적으로 사용하여 정치적 안정을 도모하였다. 하지만 걸프 아랍 국가들의 경제성장 이면에는 저임금과 열악한 근로환경에서 일하는 외국인 근로자들이 사회적 안정을 이루는데 근저가 되었음을 기억해야 한다.

법적으로 특정 기업에 속하여 다른 직장으로 옮길 자유가 보장되지 않는 제한 속에서 일하고 있다.[20]

중동 국가들 가운데 경제부국이 되고 외국인 노동력이 사회 속에 큰 비중을 차지한다는 것이 선교적으로 어떤 의미를 가지는가? 이 수많은 외국인 근로자들 가운데 있는 그리스도인들에 주목해야 한다. 아시아에서 온 근로자들(예: 필리핀)과 아프리카의 근로자들(에디오피아나 에리트리아 등) 가운데 신실한 그리스도인들이 하나님의 복음을 가진 증인으로서 살아가고 있으며, 이들을 영적으로 지원하며 선교동력화하는 귀한 움직임들이 선교적 접근이 제한된 중동 국가들 가운데 전개되고 있다. 조금은 다른 지역이지만 레바논에서 저자는 아프리카 출신의 가정부들이 드리는 예배를 참석한 적이 있다. 백여명이 정원인 예배당에서 300명이 넘는 자매들이 뜨겁게 하나님을 예배하는 모습을 잊을 수가 없다. 대부분이 십대인 자매들은 아랍 가정들에 가정부로 일하며 본국으로 수입을 보내며 어려운 생활을 하지만, 이들에게는 생명있는 그리스도의 복음이 있어서 아랍 가정들 안에 그리고 그들이 키워내는 다음 세대의 어린 심령들 안에 복음의 씨앗을 뿌리고 있는 것이다. 하나님이 중동 각국에 옮겨 두신 디아스포라 근로자 그리스도인들을 통하여 어떤 일들을 이루실 것인가를 기대하며 기도해야 한다.

Ⅲ. 급변하는 이슬람 세계의 새로운 선교 환경

지금까지 살펴본 이슬람 세계의 내부에서 일어나는 균열과 분쟁, 이슬람 사회에서 생겨나는 시민의식, 국제화의 흐름에 편승하여 경제발전을 이루려는 이슬람 국가들로 인하여 초래되는 새로운 선교적 환경은 무엇인가?

20 Sam Bollier and Mohammed Haddad, "Interactive: Powering the Gulf" Aljazeera (01 May, 2013): http://www.aljazeera.com/indepth/interactive/2013/04/20134291416912O172.html. 대부분의 걸프 국가들의 민영기업들에서 근무하는 외국인 근로자의 비율은 모두 80-90퍼센트에 육박하는것으로 보고된다. 현지인들은 그러한 저임금과 어려운 노동환경에서 일하지 않기 때문에 고위 관리자들을 제외한 모든 노동력은 외국인이라는 점이다.

첫째, 현실적으로 난민들이 급속하게 증가하고 있다는 점을 주목해야 한다. 이라크 전쟁과 시리아 내전으로 수 많은 난민들이 요르단, 레바논 및 터키 등의 국가들에서 내일에 대한 소망없이 살고 있다.[21] 리비아와 수단에서 나온 난민들이 이집트를 비롯한 주변 아랍 국가들 가운데 정처없이 살고 있다. 이 난민들의 움직임에 선교적으로 주목할 필요가 있다. 난민을 받아들인 현지 정부의 관리방침에 제약을 받긴 하지만 난민들을 접촉하고 그들이 가진 일상의 필요들을 체계적으로 돕고 장단기적 후속조치들을 세워 난민선교를 이루어 가는 것은 매우 중요한 과제이다.[22]

둘째, 이슬람 세계의 분열이 초래하는 또 다른 큰 변화는 무슬림들의 사고 속에 있는 도전이다. 사고하는 무슬림들은 "올바른 이슬람이 도대체 어떤 모습이냐?"란 질문에 당면하고 있다. 극단적 이슬람에 동조하는 무슬림들은 전 세계 무슬림 인구에서 매우 적은 수라고 한다. 하지만 그 적은 수가 국제적으로 내는 소리는 매우 크고 그 영향력도 무시할 수 없다. 대부분의 무슬림들은 자신들의 종교에 대하여 의구하거나 도전받은 적이 거의 없을 것이다. 하지만 현재 IS와 같은 그룹으로 표출되는 이슬람 세계의 내분은 성찰하는 무슬림들이나 새로운 변화를 추구하는 젊은 세대들로 하여금 참된 이슬람을 어떻게 구현할 것인가에 대한 진지한 고민들과 재성찰을 이루는 기회를 제공해 준다. 맹목적으로 이슬람을 생각하던 틀에서 깨어나고 자신이 믿는 바에 대한 의구심과 새로운 관점들을 가질 터이며, 이것은 분명 새로운 선교적 환경에 중요한 요소이다.

세째, 이슬람 세계 내부에서 일어나는 갈등은 이슬람 자체의 다원화(plurality of Islam)를 초래하였고, 종교다원주의가 절대적 객관적 진리의 거부를 강조한 것과 같이 이슬람이 가진 전통적 권위와 통제에 대하여 부정하고

---

21 2014년 9월 21일 현재 UN의 공식적 집계에 의하면 등록된 시리아 난민의 수자만 하더라도 318만에 달하며 그들은 레바논(115만), 터키(103만), 요르단(62만), 이라크(21만), 및 이집트 및 북아프리카(16만)에 흩어져 있다. http://ec.europa.eu/echo/files/aid/countries/factsheets/syria_en.pdf.

22 난민들을 돕고 복음의 사랑으로 섬기는 사역은 정치적, 행정적 요소들로 인하여 제약을 받게 되기 때문에 정부 차원에서 인준을 받은 NGO를 통하고 등록된 현지교회들을 통하여 이뤄져야 한다. 바람직한 사례로 요르단에서 이루어진 난민사역을 참조하라. 윤바울, "중동민주화 운동," 10-25.

도전하는 사고가 무슬림들 가운데 증가해갈 것을 예상한다. 합리적 근거와 논리적 설명을 제시하지 않은 채 종교적 권위와 전통에 근거한 이슬람적 사고와 삶의 방식에 대하여 무조건적으로 복종하고 신봉하던 것에서 벗어나는 사람들이 증가할 것이며, 이러한 환경은 그리스도의 복음이 그들이 찾는 진리에 대한 대안으로서 들려질 기회가 될 것이라고 생각한다.

넷째, 중동 이슬람 국가들 가운데 정치적 안정과 더불어 경제적 안정에 대한 욕구는 매우 중요한 사안이며 이러한 국민들의 요구를 충족시키기 위하여 정치지도자들은 최선을 다하게 될 것이다. 이를 이루기 위해서는 세계화에 합류하고 국제적 경제질서와 더불어 발전하는 모델을 추구할 가능성이 크다. 경제적 사회적 개방화와 국제적 교류의 증가는 필수적이며 이것이 가져다 줄 중동 이슬람 국가들의 선교적 환경도 개방적이 될 것이라고 예상된다.

Ⅳ. 중동 이슬람권을 향한 변화하는 기독교 선교(Transforming Missions)

위에서 언급한 새로운 선교 환경은 이미 이뤄진 부분들도 있지만 향후 장단기적으로 이루어져 갈 부분이기도 하다. 그것들이 가져다 줄 선교적 기회를 고려하여 한국 교회의 이슬람권 선교의 접근과 사역도 변화하고 성숙해야 하기에 아래에서는 중요하다고 고려되는 몇가지 방향을 제시하고자 한다.

1. 이슬람 세계는 개방되고 있고 젊은 세대는 변화를 요구하므로 이에 적합한 적극적 선교사역이 필요하다.

아랍의 봄은 젊은층들이 자신들의 가진 어두운 미래에 대한 불만과 빈부격차와 같은 사회적 불공평함에 대한 불만이 분출된 것이다. 즉 현재의 상황에 대한 변화를 요구하는 욕구의 집단적 분출이었다.[23] 그렇다면 젊은 세대의 개방성에 대한 요구와 변화를 추구하는 경향은 새로운 대안으로서 복음을 제시할 수 있는 기회를 만들어 갈 것이다. 이를 위해 선교사들은 이전과는 다른 적극성을 가지고 상황화된 복음제시를 이루어 가야 할 것이다. 예를 들면 아랍의 봄이 전개되는 과정에서 많은 젊은이들이 소셜 미디어를 통해 정보를 교환하고 힘을 모았던 것과 같이, 소셜미디어의 역할은 향후 이슬람권 선교에서도 중요한 역할을 할 것이다. 이것을 보다 적극적으로 활용해 가는 대안이 필요하다.

이슬람에 회의를 느끼며 교회를 찾아와 진리에 대한 질문을 하는 자들이 많아 질 때 복음주의 교회들은 이들을 품어주고 진리를 온전히 증거하도록 준비되어 있어야 한다.[24] 사회적 불안과 동요하는 중동 국가들에서 오갈데 없는 젊은이들은 목자없는 양과 같이 참 평화와 진리에 대한 갈급함을 가지고 유리하며 방황하고 있다. 이때야말로 교회와 그리스도인들이 참 평화와 소망에 관한 이유를 더욱 적극적으로 나누며 사랑으로 무슬림들에게 복음을 전해야 할 때이다.

2. 다수세계 선교운동을 새로운 선교동력으로 인식하고 그들과 적극적 동역관계를 이루어야 한다.

일부 선교학자들은 수년 전부터 다수세계 그리스도인들의 선교 동력화는

23 튀니지에서 시작된 시위는 부아지지라는 청년이 노점상으로 생계를 꾸려가는 도중 여자 경찰로부터 수치스러운 모욕과 무자비한 처분을 받으면서 분신자살한 것에서 시작되었다. 대학생 실업율이 높고 미래가 없는 젊은이들과 동일한 불만을 가진 민중이 모여서 독재정권이 물러날 것을 요구한 것이다. 아랍의 봄과 그 후 전개과정에 대한 내용을 포괄적으로 취급한 책으로 종교문화연구 편집부, 『아랍의 봄: 봄인가, 겨울인가?』 (서울: 종교문화연구 출판부, 2013)를 추천한다.

24 본인은 I국의 회심자들이 나누어준 간증을 들은 적이 있다. 오랜 전쟁으로 이슬람에 실증을 느낀 젊은 무슬림들이, 이슬람에서 찾을 수 없었던 평화의 하나님을 찾기 위하여 전통적 교회(Traditional ethnic minority churches)를 찾아가면, 많은 경우 그들은 문전박대 당하거나 교회 멤버들로부터 따돌림을 받는다고 한다. 하지만 열린 마음으로 진리를 갈급해하는 무슬림들을 교회로 환영하고 복음을 증거한 A교회를 통해 주님은 많은 무슬림들을 구원해 주셨고 그 교회는 지속적으로 성장해 가고 있다.

21세기 세계선교에 있어서 가장 큰 변수가 될 것이라고 강조해 왔다.[25] 남미 선교사들이 아랍세계 및 미전도종족들 가운데 사역하는 것이나, 중동에 흩어져 있는 외국인 근로자들에 대한 선교적 잠재성에 대한 보고들이 향후 이뤄질 한국 선교의 방향에 대한 새로운 과제를 준다.[26] 한국 교회 선교사들이 무슬림들을 향한 직접적인 선교를 지속해야 함은 당연하거니와, 다수세계 출신의 선교사들과 선교사로서 파송을 받지는 않았을지라도, 때로는 근로자로 때로는 난민으로 살며 그리스도의 복음을 증거하는자들을 목양하고 돕고 훈련하는 것을 매우 중요한 사역으로 인식하며 적극적으로 참여해야 할 것이다.

한인 선교사로서 "선교지의 현지인들을 위해 보내진 선교사"라는 배타적 정체성을 극복하고, 하나님 나라 사역을 위해 보다 개방적인 동역과 다수세계 선교동력을 지원하고 협력하는 것을 위해 노력해야 할 것이다. 어쩌면 우리들이 직접적인 사역을 하는 것보다 아시아나 아프리카에서 근로자로 온 그리스도의 일꾼들을 격려하고 선교적으로 도우며 동력화함으로써 그들이 아랍 가정 깊숙히 들어가 영향을 끼치는 기대를 할 때가 온 것이다. 일례로 아라비아 반도의 한 선교사는 아프리카 근로자들을 목양하며 사역하는 아프리카 목회자들과 함께 기도하며 동역하고 그들을 지원함으로써 아프리카 형제 자매들을 통한 선교의 사역을 감당하도록 돕고 있다.[27] 터키에 있는

25 Enoch Wan and Michael Pocock, Missions from the Majority World: Progress, Challenges, and Issues, EMS Series 18 (2009); 남미 선교학자인 에스코바는 이미 십여년 전부터 공식적 통계에 잡히지 않는 이런 선교자원에 대하여 "아래로부터의 선교사"(missionaries from below)라 명명하며 이러한 선교사들의 움직임에 더 주목해야 할 필요를 강조해 왔다. Samuel Escobar, *The New Global Mission* (Downers Grove, IL: InterVarsity, 2003), 17-18.

26 아라비아 반도의 한 도시에 에디오피아 근로자들의 교회를 통해 아랍 가정들에 이뤄지는 사역들을 소개하는 아래의 글을 참 고무적이다. Canon Mark Oxbrow, Recovering Missions: Majority World Missions - A Return to Mission for the Majority, *Lausanne World Pulse* (Oct-Nov 2014), http://www.lausanneworldpulse.com/1071?pg=all. 또한 아랍권에 사역하는 브라질 선교사들에 대한 소개를 한 아래 책자를 참고하라. Edward Smither, *Brazilian Evangelical Missions in the Arab World: History, Culture, Practice, and Theology* (Wipf and Stock: Eugene, OR, 2012).

27 보안을 위해 출저를 밝히지 못함을 양해해 주시기 바란다. Oxbrow의 글 "Recovering Missions"에 의하면 아라비아 반도의 한 나라에는 에디오피아 근로자들이 약 35,000명이 있고 그들의 96%는 주당 수달러 밖에 받지 않으며 일하는 십대의 연약한 여성 가정부들이다. 이들을 선교사적 비전으로 초청하고 훈련하는 목회자가 있다는 사실이 얼마나 감사한지 모르겠다. 이 목회자와 같은 자들이 중동 각 국에 사역하고 있고 이 목회자들이 네트워크를 이루며 선교적으로 목회하도록 돕는 제삼국의 선교사들이 있음도 감사하다.

이란 난민들 가운데 일어나는 복음의 진전을 관찰한 탁요셉 선교사는 이란인 그리스도인들에 의한 터키 선교의 성장과 유사민족인 아랍민족들에 대한 선교가 이뤄질 수 있도록 하는 현지인 중심의 선교를 도울 것을 권면하고 있다.[28] 현장의 선교사들과 신임 선교사들은 이러한 세계 선교운동의 변화를 올바로 인식함으로써 선교사가 현지 사역의 주도권을 가지고 사역해야 한다는 전통적 패러다임을 극복하고 겸손함을 가지고 하나님의 일하심을 인정하며 오히려 보조자적인 역할조차도 감당하겠다는 태도를 가져야 한다고 말한다. 이것이 진정한 하나님 나라의 협력체제라 하겠다.

3. 건강하고 성경적인 종교간 대화는 지속되어야 한다.

중동에는 역사적으로 오랜 기간 동안 이슬람과 기독교가 공존해 왔고 무슬림들이 다수인 사회에 소수의 기독교인들은 나름대로의 생존법을 배워왔다. 같은 국민으로 살면서 기독교인들과 무슬림들은 서로를 존중하면서 사회 각 영역에서 공존하는 삶의 지혜를 가지고 있다. 종교간 대화(Inter-faith dialogue)는 중동 국가들에서 다양한 종교의 사람들의 공존을 위해 필수적인 요소이다. 현대정치사에서 "이슬람과 서구"의 대립이 마치 "이슬람과 기독교"의 대립처럼 간주되고 오인되는 사례가 있지만, 이 두가지는 엄밀하게 구분되어야 한다. 아랍의 봄 이후 중동 사회는 무슬림들과 기독교인들이 함께 어깨를 마주하며 시민혁명을 이루어 냈다. 이것은 한 국가의 건강한 국민이요, 시민으로서 서로의 존재가치를 확인하는 계기가 되었다.[29]

종교간 대화가 이루어질 수 있는 여건 중 하나는 공통의 관심사나 과제가

---

28 탁요셉, "페르시아권역의 난민/디아스포라 선교전략," 39-46. 그는 향후 한국 선교의 방향을 제시하면서 아래와 같은 제안을 한다. "한국에서 현지로 선교사를 계속 보내는 것도 중요하지만, 향후에 목표를 두어야 할 것은 이러한 현지인 중심의 선교개척운동(Mission Planting Movement)을 일으켜서 그들이 스스로 선교를 해가도록 도와주어야 한다. 모든 종족에 향한 기업을 받고 수행하게 할 뿐 더러, 동시에 주변 유사한 언어/문화권 민족을 위해서 그들이 가장 적합하게 부르심을 받았다는 것을 알게 해 주어야 한다." 탁요셉, "페르시아권역의 난민/디아스포라 선교전략," 46.

29 물론 이 과정에서 혹은 아랍의 봄 이후 이집트에서는 무슬림들이 기독교인들과 교회를 공격하는 사례가 있었고 소수의 기독교인들은 피해를 감수할 수밖에 없었다.

있을 때이다. 예를 들면 시민혁명과 같은 공통의 관심사와 이해관계에 의해 서로 다른 종교적 그룹에 속한 사람들은 함께 참여하고 서로를 이해하기 위해 노력할 의향을 갖게 된다. 전쟁 난민을 돕는 것과 같은 인도주의적 사안들이나, 함께 노력해야만 이룰 수 있는 평화와 공존을 앞에 두고 종교간 대화와 교류는 얼마든지 가능한 것이다. 또한 서로 다른 그룹들 사이에 있는 오해를 줄이고 상호이해를 증진하기 위한 교육적 차원의 종교간 대화는 언제든지 환영받을만하다. 국가적 상황에 따라 다소 차이는 있겠으나 레바논과 같은 나라에서는 이슬람과 기독교 사이의 객관적이고 학술적인 대화가 매우 중요하게 간주된다.

또한 기독교인들이 무슬림들의 세계관을 이해하고 무슬림들에게 기독교의 진리와 세계관을 이해할 수 있도록 돕기 위하여 종교간 대화의 장을 마련하는 것은 21세기 중동 국가들의 평화 공존을 위해 필요불가결의 과제이다. 아랍 기독교인 지도자인 마틴 아카드는 중동 및 서구에서의 종교간대화의 중요성을 강조하면서 종교적 신념을 타협하지 않으면서도 상대를 객관적으로 이해하며 상호존중할 수 있는 종교간 대화의 증진을 주장하고 있다.[30] 그는 일반적으로 기독교인들이 이슬람을 이해하는 관점이 지나치게 단순화되어 있어서 균형을 상실했다고 지적하면서, 이슬람은 "극도로 복잡한 실체" (an extremely complex reality)로 균형잡힌 이해를 가져야 함을 강조한다.[31] 이를 위해서는 이슬람권에 사역하는 선교사들은 자신들이 가진 이슬람에 대한 객관적이고 균형 잡힌 이해를 세워나가야함은 물론이고, 기회가 주어질 때마다 본국의 후원자들과 교회들에게 이슬람에 대해 올바른 이해를 할 수 있도록 교육적 노력을 최대한 기울여야 할 것이다.

30 Martin Accad, "Christian-Muslim Relations: Balance Needed Today Than Ever" http://www.abtslebanon.org. 종교다원주의를 이해함에 있어서 규범적 의미와 현상적 의미를 구분하는 것은 매우 중요하다. 현상적인 의미에서 종교다원주의는 세상에 다양한 종교가 존재하고 있고 한 사회 혹은 한 국가안에도 다양한 종교를 신봉하는 사람들이 존재한다는 점을 말한다. 하지만 규범적 의미의 종교다원주의는 세상의 다양한 종교가 존재하는 것을 보면서 세상의 모든 종교는 모두 각기 서로 다른 "구원"으로 인도하기 때문에 서로를 인정해 주어야 한다는 것을 말한다. 복음주의 그리스도인으로서 우리는 규범적 의미에서의 종교다원주의가 비성경적임을 알고 그 사실을 동의해서는 안된다.

31 Martin Accad, "Christian-Muslim Relations."

4. 21세기 중동 이슬람 환경에 적합한 총체적 선교(Holistic Missions)가 필요하다.

20세기 선교의 본질이 거론될 때 성경적 선교의 모델로서 총체적 혹은 전인적 선교는 이미 강조되어 왔다. 21세기 새로운 선교 환경에서는 선교의 전략적 측면에서 그 가치가 강조되어 왔으며 특히 미전도종족들이나 선교적 접근이 제한된 민족들을 염두에 두고 총체적 선교는 주목을 받았다. 남아있는 선교적 과업으로 이슬람권에서 복음전파를 이루어 가기 위해서는 다양한 측면으로 총체적 선교접근을 이루어야 한다. 예를 들면, 전쟁이나 종교탄압으로 인한 난민들을 위해 적극적인 구호사업(relief works) 및 인도주의적 원조(humanitarian aids)를 해야 한다. 사회적-의료적 개발에 있어서 외부적 도움이 필요한 민족들이나 지역들에서는 그에 적합한 사회개발 및 선교사역이 이루어 져야한다(예: 장애우들을 위한 사회봉사 NGO, 에볼라에 의해 피해를 받는 민족들을 돕는 사역).

이슬람 권역 안에는 이와 같이 경제적 사회적 개발이 낙후된 지역이 있는가 하면, 걸프 산유국들과 같이 경제개발이 빠른 속도로 진행되는 발전된 국가들이 존재한다. 걸프 국가들에서는 외국 전문인력들에 의존하는 산업구조를 갖고 있기 때문에 많은 고용의 기회들이 열려 있다. 선교적 가치를 가진 기독교인들은 이 나라들에서 전문인력으로서 그 사회에 필요한 기능을 감당하면서 사회경제활동을 할 수 있고, 선교사적 삶을 살며 복음의 증인이 될 수 있다(예: 의료인, 간호사, 대학교수, 전문기술자 등). 비지니스 영역에서 사업가로서 활동하며 그 사회의 발전에 기여하는 비지니스 선교사 모델(Business as Missions: BAM)이 절실하게 필요한 시점이다.[32] 그만큼 세계화의 흐름 가운데 편승하는 나라들 안에는 국제적 교류와 사업적 기회들이 충

32 Oxbrow는 다수세계 그리스도인들의 선교적 역량의 극대화를 위해서 BAM훈련이 매우 중요하며, 특히 "난민 전도자들"(Refugee Evangelists)과 세계적으로 흩어져 있는 이민자들의 훈련을 위해 선교적 자원들의 재분배도 이뤄져야함을 주장한다. 전통적 직접 선교사들에게 드는 선교적 재원을 재배분하여 적극적으로 디아스포라들을 훈련하기 위해 투자할 것을 주장한다. "Recovering Missions"을 참조하라.

분히 많이 존재하고 있다는 점을 인식하고 한국 교회는 BAM을 통한 총체적 선교를 통하여 적극적 이슬람권 선교를 감당해야 할 것이다. 이를 위해서 한국 교회는 보다 적극적인 비지니스 선교사 훈련 및 동원을 이루어야 하며, 사업적 전문성과 사역적 전문성을 함께 갖춘 양질의 선교사들을 발굴하고 훈련 파송하는 일에 노력해야 할 것이다.

5. 중동 국가들 가운데 있는 그루터기와 같은 교회들과 그리스도인들이 새롭게 일어나도록 동역해야 한다.

중동 여러국가들에는 역사적으로 기독교 교회들이 존재해 왔고 이슬람 사회 속에서 교회의 존재는 받아들여져 왔다. 하지만 많은 교회들이 이슬람의 지배적인 사회적 분위기에 의해 억눌려 있고 절연화(insulation)되어 있기 때문에, 그리스도인들이 무슬림들에게 복음을 전해야 한다는 생각을 하지 못하고 있으며 무슬림들에게 복음으로 접근하는 것에 무척 소극적이었다. 하지만 그루터기와 같은 복음적인 교회들과 그리스도인들이 아직도 남아 있어서, 그들 안에 복음전파의 필요성과 열정이 심겨지고 적절한 훈련이 제공되기만 한다면 귀한 역사들이 일어날 수 있다. 아랍 그리스도인들에 의해 아랍 무슬림이 복음을 듣게되는 현상(Arabs to Arabs)이 절실하게 필요하다.

일례로 I국의 한 전통적 소수민족 교회는 무슬림들이 다수인 사회적 분위기 속에서 포장된 그리스도인 그룹으로 오랫동안 살아왔다. 무슬림들과 충돌을 일으키지 않는 한 사회적으로 자신들의 신앙을 살아가는 데 문제가 없었기 때문에 무슬림들과 신앙적 대화로 관계하지도 않았고 전도하지도 않고 살아왔다. 하지만 수년 전부터 목회자가 무슬림 이웃들에게도 복음을 전해야함을 가르치기 시작하자 성도들이 그들 주변의 무슬림들에게 복음을 전했고 가정 모임들이 만들어져서 성경을 가르치기 시작하였고 무슬림들이 회심하여 그리스도를 믿고 함께 신앙공동체 안으로 들어와 신앙생활을 하고 있다.

E국에 있는 현지인 그리스도인들 가운데는 무슬림들을 향해 복음을 전

하고 있고 교회 내에 이러한 사역관심자들을 훈련시키며 교회로 찾아오는 무슬림 구도자들을 돕는 사역을 한다. 더 나아가 이슬람에서 회심한 자들(Muslim-Background Believers: MBBs)을 위한 훈련 프로그램을 가동하며 지속적으로 무슬림들 가운데 복음이 적극적으로 증거되도록 하고 있다. 같은 국가의 국민으로서, 아랍민족으로서의 동질감은 아랍 그리스도인들이 아랍 무슬림 이웃들에게 복음을 전할 때 가장 효과적이 될 수 있는 근거이다.

몇몇 중동 국가들에는 훌륭한 복음주의 신학교들이 합법적으로 세워져 있어서 현지인 목회자들과 지도자들이 훈련되고 있다.[33] 이러한 교육기관을 통해 훈련된 사역자들이 하나님 나라의 선교적 관점을 가지고 지역교회 목회와 현지인 제자양육을 하게 될 때 아랍 그리스도인들을 통해 아랍민족들 가운데 놀라운 속도로 복음의 진전이 이뤄질 수 있다. 이미 E국의 교회들은 중동과 북아프리카 나라들에 선교사를 파송하는 역할을 감당하고 있으며 앞으로도 이들의 역할은 이슬람권 선교에 매우 중요한 역할을 할 것으로 보인다. 이러한 선교적 상황을 고려하여 한국 선교사들은 개척선교를 하는 것과 동시에 기존 교회들 안에 이뤄지는 선교적 움직임을 돕고 동역하며 현지인 지도력을 세워가는 사역에도 관심을 기울여야 할 것이다.

V. 맺음말

아랍의 봄은 중동 국가들 가운데 넓고 깊은 변화를 야기했다. 긍정적 측면에서, 정치적으로 민주적 시민사회에 대한 욕구가 표현되어 일부 성취되었고, 경제안정 및 발전 그리고 정의로운 사회구현을 위한 국민적 합의가 이뤄졌다. 하지만 그런 국가적 목표를 성취해 갈 수 있는 사회간접자본(Social Infrastructure)의 부재, 성숙한 정치적 지도력의 부재, 합리적으로 정치적 판

33 이집트에는 100년이 넘은 신학교가 있는가 하면, 요르단과 레바논에도 우수한 복음주의 신학교들이 있어 아랍권 출신의 목회자 및 선교사 후보생들을 훈련시키고 있다.

단을 내리면서 자신들의 권익을 주장할 만한 건강한 시민의식을 가진 중산층의 부재 등은 여전히 풀어가야할 어려운 장애물들이다.

반면 시리아와 이라크의 정치적 불안정을 틈타 일어난 극단적 원리주의 이슬람 세력은 매우 과격한 방법으로 세력을 키우며 중동뿐 아니라 세계 정세에도 불안정의 요인을 제공하고 있다. IS와 이에 대응하는 이슬람 국가들 사이의 분열은 이슬람 내부적 다원성(plurality)을 명백하게 드러내어 주었고, 많은 무슬림들에게는 "진정한 이슬람이 무엇이냐"에 대한 질문을 하게 만드는 계기가 되었다. "보편적 이슬람 국가의 건설"이라는 이념적 목표보다는 "민족국가에 기초한 이슬람의 실천"을 대부분의 무슬림들이 지지하고 있음도 분명해졌다. 이와 더불어 극단적 이슬람에 대한 회의는 이슬람 자체에 대한 질문을 던지게 하였으며, 민주화를 경험하면서 권위주의에도 도전할 수 있는 경험들은 정치적 권위 뿐 아니라 전통적 종교적 권위에 대해서도 도전할 수 있도록 지평을 열어 주었다고 생각한다.

이러한 격변기를 지나는 중동 아랍 세계에 열린 새로운 선교적 환경을 올바로 이해하고 이에 적합한 선교적 접근을 펼쳐가야 한다. 본고는 한국 교회의 이슬람권 선교를 위한 다섯가지 방향성을 제시하였다. 첫째, 새로이 열려진 기회들을 잘 이해하고 보다 적극적 선교를 감당할 것; 둘째, 다수세계 선교운동에 대해 이해하고 협력할 것; 셋째, 종교간 대화를 위한 노력을 지속할 것; 넷째, 인도주의적 봉사와 BAM과 같은 총체적 선교원리를 실천할 것; 다섯째, 중동 현지교회들의 성장과 선교적 동력화를 위해 협력하고 지원할 것. 이러한 사역들이 현재까지 이뤄지지 않았던, 전혀 새로운 방향이란 의미가 아니다. 새로운 선교 환경에서 더 주목하여 추구해야 할 방향이란 점임을 강조하고 싶다.

끝으로 새로운 환경과 그에 적합한 선교적 대응을 이야기하면서도 놓치지 않아야할 것은 선교의 본질에 관련된 것임을 강조하고 싶다. "하나님의 선교"(*Missio Dei*)의 관점을 가진 선교운동은 기도를 통해 하나님이 인류의 역사 속에 일하시는 손길을 철저하게 인정하는 것이다. 공산주의가 무너지게 되고 중국을 비롯한 공산국가들의 개방화를 급속하게 이루어진 것을 보며 하나님이 역사의 주관자이심을 인정하게 된 것처럼, 이슬람 국가들 가운데 새로운 일들을 행하시고 하나님의 선교를 이루어 가실 것을 믿는다. 그렇다면 우리들은 더욱 기도의 중요성을 기억하고 하나님이 일하시는 선교를 하도록 해야 할 것이다. 이슬람권에 하나님의 나라가 임하기를 날마나 간구하는 교회들과 선교사들이 되어야 할 것이다.

또한 구령의 열정을 가지고 복음을 전하고 그리스도의 교회를 개척해 가는 노력들 역시 절실하게 필요한 선교의 본질이다. 추방이나 핍박이 있음에도 복음을 부끄러워 하지 않고 담대하면서도 지혜롭게 증거하는 선교사들과 현지인들을 통해 무슬림들이 그리스도께로 돌아올 것이다. 더 나아가 이슬람권 선교에 있어서 현지인들이 가진 역할을 올바로 인식하고 한국인 선교사의 역할을 재정의하며 겸손히 섬기는 삶을 사는 것 역시 매우 중요한 선교적 본질이라 생각한다. 오늘도 무슬림들 가운데 추수하시는 하나님과 더불어 추수하는 즐거움에 참예하는 교회들과 주님의 일꾼들이 더 많이 일어나길 기도한다.

참고문헌

김마가, "세계선교동향: 이슬람 선교의 동향." 「선교타임즈」(8, 2013): 96-100.

사무엘 헌팅톤, 이희재 역. 『문명의 충돌』. 서울: 김영사, 1997.

세계 정세를 읽는 모임, 『지도로 보는 세계 분쟁』. 이다 미디어, 2005.

아이라 M. 라피두스, 신영성 역. 『이슬람의 세계사 1 & 2』. 서울: 이산, 2008.

윤바울, "중동 민주화 운동이 이슬람권 선교에 미치는 영향과 대응: 시리아 난민 사역의 사례를 중심으로." 『전방개척선교』 48 (2013:9-10): 10-25.

이희수, 『이슬람』. 서울: 청아출판사, 2011.

종교문화연구 편집부, 『아랍의 봄: 봄인가, 겨울인가?』 서울: 종교문화연구 출판부, 2013.

탁요셉, "페르시아권역의 난민/디아스포라 선교전략," 『전방개척선교』 48 (2013:9-10): 39-68.

Accad, Martin. "Christian-Muslim Relations: Balance Needed Today Than Ever" [on-line]. Available from http://www.abtslebanon.org. (Accessed Oct. 10, 2014).

Beauchamp, Zack. "Khorasan, Explained: Why the US is Bombing an al-Qaeda Group You've Never Heard of," vox September 26, 2014 [on-line]. Available from http://www.vox.com/2014/9/26/6836491/khorasan-isis-syria-al-qaeda. (Accessed Oct. 10, 2014).

Bollier, Sam, and Mohammed Haddad. "Interactive: Powering the Gulf." *Aljazeera* (01 May 2013) [on-line]. Available from http://www.aljazeera.com/indepth/interactive/2013/04/201342914169120172.html. (Accessed Oct. 1, 2014).

Connolly, Kevin. "Arab Spring: 10 Unpredicted Outcomes." *BBC World News* (*13 December 2013*) [on-line]. Available from http://www.bbc.com/news/world-middle-east-25212247. (Accessed Oct. 10, 2014).

Escobar, Samuel. *The New Global Mission*. Downers Grove, IL: InterVarsity, 2003.

European Commission Humanitarian Aid and Civil Protection. "Echo Fact Sheet: Syrian Crisis, October 2014" [on-line]. Available from UN. http://ec.europa.eu/echo/files/aid/countries/factsheets/syria_en.pdf. (Accessed Oct. 10, 2014).

Hoffman, Michael, and Amaney Jamal. "The Youth and the Arab Spring: Cohort Differences and Similarities." *Middle East Law and Governance*, 4 (2012): 168-88 [on-line]. Available from http://mthoffma.mycpanel.princeton.edu/Hoffman_Jamal_MELG.pdf. (Accessed Sep. 1, 2014).

Moaddel, Mansoor, et. al. "The Arab Springs: What It Represents & Implications for National Security." *Middle Eastern Value Studies* [on-line]. Available from http://mevs.org/files/tmp/ArabSpring.pdf. (Accessed Oct. 10, 2014).

Oxbrow, Canon Mark. "Recovering Missions: Majority World Missions - A Return to Mission for the Majority." *Lausanne World Pulse* Oct-Nov 2014 [on-line]. Available from http://www.lausanneworldpulse.com/1071?pg=all. (Accessed Oct. 10, 2014).

"Profile: Syria's al-Nusra Front" *BBC World News* (April 10, 2014) [on-line]. Available from http://www.bbc.com/news/world-middle-east-18048033. (Accessed Oct. 1, 2014).

Rosiny, Stephan. "German Institute of Global and Area Studies, Arab Springs: Triggers, Dynamics, and Prospects." *GIGA Focus* 2012:1 [on-line]. Available from http://www.giga-hamburg.de/de/system/files/publications/gf_international_1201.pdf. (Accessed Oct. 1, 2014).

Smither, Edward. *Brazilian Evangelical Missions in the Arab World: History, Culture, Practice, and Theology.* Wipf and Stock: Eugene, OR, 2012.

Stepan, Alfred, and Juan J. Linz. "Democratization Theory and the Arab Spring." *Journal of Democracy* [on-line]. Available from http://www.journalofdemocracy.org/sites/default/files/Stepan-24-2.pdf. (Accessed Oct. 10, 2014).

Wan, Enoch, and Michael Pocock. *Missions from the Majority World: Progress, Challenges, and Issues*, EMS Series 18, 2009.

"What is Islamic State?" *BBC World News* (September 26, 2014) [on-line]. Available from http://www.bbc.com/news/world-middle-east-29052144. (Accessed Oct. 10, 2014).

The Transformation of Contemporary Political Islam: From AKP to ISIS

Ji-Hyang JANG* & Peter Lee**

Ⅰ. Introduction

Ⅱ. The Origins of Contemporary Political Islam

Ⅲ. The Justice and Development Party of Turkey

Ⅳ. The Islamic State of Iraq and Syria

Ⅴ. Conclusion

* Ji-Hyang JANG is a Researach Fellow and Director of the Middle East and North Africa Program at the Asan Institute for Policy Studies in Seoul, Korea.

** Peter Lee is a Program Officer of the the Middle East and North Africa Program at the Asan Institute for Policy Studies in Seoul, Korea.

● ABSTRACT

Ji-Hyang JANG & Peter Lee

Political Islamists continue be at the forefront of political change across much of the Muslim world. In Turkey, the ruling Justice and Development Party (*Adalet ve Kalkınma Partisi*, AKP) represents a model of moderation and prosperity for newly-democratizing Muslim societies. In contrast, the Islamic State of Iraq and Syria (*al-Dawlah al-Islamiyah fi al-Iraq wa-al-Sham*, ISIS) has emerged as the vanguard of a new generation of radical jihadists. AKP and ISIS offer two competing visions for the future of political Islam in the Middle East and the Muslim world. A battle of ideas is thus playing out between political Islam as a force for peaceful coexistence and as a harbinger of sectarian violence. The AKP's electoral success in Turkey over the past is testament to the ability of political Islamists to broaden their appeal and soften extremist tendencies. On the other hand, ISIS must be discredited to show the Muslim world that religious extremists are incapable of offering a constructive future.

I. Introduction

From moderate democratic political parties to radical terrorist groups, the past decade has seen a diverse range of Islamist movements competing for power across the Middle East and North Africa. What unites these groups is a shared belief that Islam has an important role to play in organizing society and government. Operating at opposite extremes of the ideological spectrum are the ruling Justice and Development Party(*Adalet ve Kalkınma Partisi*, AKP) of Turkey and the radical jihadist group, the Islamic State of Iraq and Syria(*al-Dawlah al-Islamiyah fi al-Iraq wa-al-Sham, ISIS*).

The AKP's success in consolidating Turkish democracy over the past decade, delivering strong economic growth, bringing the military under control, lifting restrictions on freedom of religion, and seeking a breakthrough in the country's long-running conflict with the Kurds, has made it a model for newly-democratizing Muslim societies. Under President Tayyip Recep Erdogan, the AKP has won three consecutive elections and shown that not only is political Islam compatible with the democratic process, it can thrive in it.

In contrast, ISIS has emerged as the vanguard of a new generation of jihadists, more violent, sophisticated, and globalized than its predecessors. Whereas jihadists of previous decades sought to overthrow authoritarian Arab regimes or launch attacks against foreign powers, ISIS aspires to create a functioning Islamic state. Its success in conquering and governing large parts of Iraq and Syria over the past four years, and its ability to recruit fighters from around the world, makes it a formidable threat.

This paper explores how political Islam has changed in the contemporary Middle East by examining these two prominent Islamist groups. Islam will continue to play an important, if not central, role in shaping the political process in most Muslim-majority countries. AKP and ISIS offer two competing visions for the future of political Islam in the Middle East and the Muslim world at large. A battle of ideas is thus playing out between political Islam as a force for peaceful coexistence and as a harbinger of sectarian violence. In the coming years, there needs to be a concerted effort to not only discredit and defeat ISIS, but also to ensure that the AKP adheres to a policy of religious moderation.

II. The Origins of Contemporary Political Islam

The modern origins of political Islam can be traced to the writings of the twentieth century scholars Abdul Ala Maududi and Sayyid Qutb, who argued for the creation of a political and social order based on Islam as opposed to what they saw as the corrupt, secular, nationalist ideologies of their time. The colonial era had incorporated the countries of the Middle East into the international capitalist system, and in the consolidation of internally bureaucratic and externally territorial states. However, it also contributed to the deficient nature of state building, the lack of a hegemonic class and the primacy of state in these countries, which still exists at the very heart of state-society relations in the region today.

This phenomena of an "overdeveloped state and underdeveloped society," in which a powerful state security apparatus exists alongside weak a civil society, proved to be fertile ground for political dissent.[1] State-building throughout much of the Middle East had been conducted by foreign colonial administrators who inflated the size of the military and security services as a bulwark against popular uprisings or resistance. With de-colonization, the new rulers in these countries preserved and expanded the existing system in their pursuit of authoritarian consolidation while neglecting the development of social classes that could pose a challenge.[2]

Today, most states in the region can be classified as "authoritarian state-corporatist" due to their limited legitimacy, coercive security apparatus, and inefficient administration.[3] They also often depend excessively upon external revenues and resort to raw coercion in order to preserve their invested interests.[4] Indeed, most of these weak states in the region possess similar drawbacks despite their distinct or even contradictory ideology bases. The Arab state-corporatist states in particular possess low levels of state strength and capacity. They can be categorized into two different types: conservative state-corporatist states and populist state-corporatist states.[5] In conservative state-corporatist countries, such as kinship-based monarchies, the state is weak due to the excessively high level of immersion into the particular social groups through patronage networks while the civil

---

1 Ji-Hyang Jang, "Weak State, Weak Civil Society: The Politics of State-Society Relations in the Arab World," *Journal of International and Area Studies*, Vol. 16, no. 1 (2009).

2 Ji-Hyang Jang, "Islamic Fundamentalism," in William A. Darity (ed.) *International Encyclopedia of the Social Sciences,* 2nd edition (Farmington Hills: Macmillan Reference, 2008).

3 Nazih N. Ayubi, *Over-stating the Arab State: Politics and Society in the Middle East* (London: I. B. Taurius Publishers, 2009).

4 Raymond Hinnebusch, "Toward a Historical Sociology of State Formation in the Middle East," *Middle East Critique*, vol. 19, no.3 (2010).

5 Ji-Hyang Jang, "Weak State, Weak Civil Society: The Politics of State-Society Relations in the Arab World," (2009).

society is also weak owing to the high level of submissive attitudes toward the state. On the other hand, in populist state-corporatist countries, such as single party rule republics, the state is weak because of the remarkably high level of insulation from the broad and general social structure whereas the civil society is also weak owing to the high level of militancy toward the state. In sum, state and society are weak in both conservative and populist countries, albeit in a different ways.

Attempts at liberalization throughout the late 1980s sought to reinvigorate the legitimacy of these regimes. Instead, it exacerbated the radicalization of militant civil society actors.[6] The polarization between Islamic movements and their countries' incumbent regimes has been growing in tandem with the globalization process. In the aftermath of the Arab Spring, political Islamists who espoused more moderate, liberal policies were particularly successful at gaining public support by positioning themselves as effective operators compared to fragmented secular liberal parties.[7] Indeed, Islamists have proven themselves to be among the region's most well-organized political actors, thanks to decades of clandestine activity under corrupt, authoritarian dictatorships. But, many other political Islamists who are not moderate do not possess centralized bargaining power at the national level and often push their own limited agendas regardless of the deleterious consequences for civil society as a whole.

6 Benjamin Barber, *Jihad vs. McWorld: Terrorism's Challenge to Democracy* (New York: Ballantine Books, 1995).

7 Ji-Hyang Jang, "Islamic Capital and Democratic Deeping" in Clement M. Henry and Jang Ji-Hyang (eds.) *The Arab Spring: Will It Lead to Democratic Transitions?* (Seoul: The Asan Institute for Policy Studies, 2012).

Political Islamists thus include a wide spectrum of groups, ranging from moderates to fundamentalists to extremists(see Figure 1). While scholars continue to debate the categorization of individual groups, moderates can generally be considered those groups seeking to promote the role of Islam in political and economic life, while working within the existing democratic political process. Such groups include the ruling Justice and Development Party (AKP) in Turkey, Ennahda in Tunisia, and the recently deposed Freedom and Justice Party in Egypt. These have been among the most successful at harnessing new-found democratization to advance their political aspirations.

Figure 1. Ideological Typology of Contemporary Political Islamist Groups

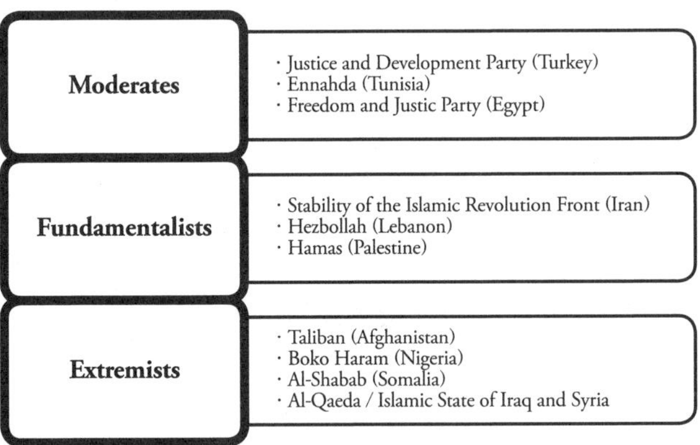

Islamic fundamentalists generally refer to those who call for the establishment of a religious state based on the application of Islamic law (*shariah*) in all spheres of social, political, and economic life. Such groups include the Stability of the Islamic Revolution Front, a leading conservative party in Iran, Hezbollah in Lebanon, and Hamas in Palestine. Also, the most significant Islamist opposition groups in Kuwait and Yemen have practiced electoral and parliamentary politics for years but still remain committed to undemocratic agendas relying on rigid and ultra-conservative *shariah* rulings and principles. Furthermore, many radical Islamists have gained followers not only among repressed Saudis and Afghanis but also among Muslims in Western democracies in Europe lending itself to a non-monolithic identity

In contrast, extremists refer to radical fringe movements who use violence in their pursuit of sectarian, anti-Western objectives. These groups systematically employ violence and terror against not only non-Muslim groups, but also those Muslims they consider heretical. Such groups include the Taliban in Afghanistan, Boko Haram in Nigeria, Al-Shabab in Somalia, and Al-Qaeda and other terrorist groups, including ISIS. Often, though not always, these groups are adherents to the Wahhabist movement of Sunni Islam predominately followed in the Gulf countries and place emphasis on religious purity and historical authenticity.

II. The Justice and Development Party of Turkey

At the forefront of moderate political Islam today is the Justice and Development Party (*Adalet ve Kalkınma Partisi*, AKP) of Turkey. Prime Minister Recep Tayyip Erdogan's resounding victory in the August 10, 2014, Turkish presidential elections marked the culmination of the spectacular rise to power of political Islamists over the past decade. The successful transition illustrated that previously rigid fundamentalists were ready to compromise their political programs. AKP is particularly remarkable because the party articulated pragmatic policies and swept to victory in the 2002, 2007, and 2011 general elections by forming a third consecutive single party government.

AKP is situated in the very realm of moderate political Islam. It has been characterized by its professionalized party elite and staff members, pragmatic policies, and relative inner party democracy. The AKP has claimed to represent a continuation of the center-right Motherland Party (MP) under Turgut Ozal and a renewal of its conservative liberal legacy. Turkey's Islamic parties, operating under different names but the same roots, were outlawed four times in 1971, 1980, 1998, and 2001 by the military, either directly or indirectly. The Virtue Party (VP, 1998-2001) succeeded the Welfare Party (WP, 1983-1998), the National Salvation Party (NSP, 1972-1980), and the National Order Party (NOP, 1970-1971). Yet, after the VP, which witnessed growing Islamic liberalism from a young generation and faced the subsequent rift between the moderates and established old guard, the Turkish Islamic party split in two for the first time in its thirty-year-old history.[8]

Following the VP's closure for its political use of Islam, the AKP was formed by the reformist wing under the leadership of Erdogan, a former mayor of Istanbul, and developed into a moderate catch-all party. The AKP won a landslide victory in the 2002 general election offering great prospects for political stability and for possible entry to the EU. The party received 34.2% of the total votes with 363 out of 550 seats and formed a single party

8 Ji-Hyang Jang, "The Moderation of Turkey' s Islamic Party," *Korean Journal of Middle East Studies* vol. 26 no. 2 (2006) and Soli Ozel, "Turkey at the Polls: After the Tsunami," *Journal of Democracy* Vol. 14, no. 2 (2003): 80.

majority government. In contrast, the Felicity Party (FP), which had been established by the conservative faction, only won 2.5%, failing to reach the 10% threshold requirement to participate in parliament. Nearly 500 deputies from the three coalition parties in government since April 1999 failed to be reelected.[9]

The AKP underwent a remarkable transition, adopting a more moderate position to its Islamist predecessors. The AKP's mass organizations are neither enthusiastically Islamic mission-motivated groups nor clientele networks. The grassroots party members of the AKP tend to be less active and crucial. Instead, the overall party mechanisms are initiated and controlled by a handful of the top leaders and professionalized elite. In this sense, the AKP is more inclined to be a top-down party rather than a bottom-up party.[10] Also, the AKP has reduced its Islamic-oriented manifestos, discarded hostile stances toward the West, and focused on the primacy of open engagement with the international community. The party is now centrist, campaigning on a communitarian-liberal policy platform. In addition, the leadership composition of the AKP is largely coalitional in a relatively secured internal democracy. Finally, the AKP's supporters are quite pervasive including various interest groups without pushing for the benefits of a particular group at the expense of others.[11]

While Erdogan and AKP negotiated breakthroughs on a wide range of

---

9 Ziya Onis, "Political Islam at the Crossroads: From Hegemony to Co-existence," *Comparative Politics* 7, no. 4 (2001): 287-89, and Ziya Onis and Fuat Keyman, "Turkey at the Polls: A New Path Emerges," *Journal of Democracy* 14, no 2 (2003): 99-101

10 Ji-Hyang Jang, "The Moderation of Turkey' s Islamic Party," (2006).

11 Ji-Hyang Jang, "Islamic Capital and Democratic Deeping," (2012); Jenny B. White, *Islamist Mobilization in Turkey* (Seattle: University of Washington Press, 2002): 145-47.

issues during his first two terms, there are growing fears that AKP is also growing unilateralist, paranoid, and authoritarian in its governing style. After a decade at the helm of Turkish politics, in which he has won by increasing margins, Erdogan is viewed by many of his opponents as shifting towards an increasingly authoritarian style of leadership.[12] In particular, the 2013 Gezi Park protests grabbed international attention for the Erdogan government's shift towards a less compromising politics. The initial cause for the protests was the government's decision to tear down Taksim Square' s Gezi Park in central Istanbul and replace it with a replica Ottoman-era military barracks and shopping mall. What turned a minor protest over an urban planning issue into a nationwide anti-government movement was the excessive police reaction involving tear gas, water cannons, and batons to disperse the protestors. Those early scenes of unarmed protesters being attacked by gas mask-wearing police officers were the catalyst that tapped into a deep reservoir of public resentment about the Erdogan government.

He has been accused of leading a "culture war" on alcohol consumption and abortion to appeal to his religious base.[13] His grandiose infrastructure projects, including building a third bridge over the Bosphorus River and a canal, have run up against criticism. His administration is seen as trying to restore a "neo-Ottoman" foreign policy of domination over Turkey's neighbors compared to his past focus on "zero problems with neighbors." Corruption within his administration has dominated public attention. Yet, what we are seeing is a boomerang effect of Erdogan's own creation that is commonly called the "paradox of democratization": greater freedom has

12 Turkey' s Presidential Election: The Next Sultan?," *The Economist* (August 16, 2004).

13 Seyla Benhabib, "Turkey' s Authoritarian Turn," *New York Times* (June 3, 2013).

led to greater expression of public opinion.[14] Importantly, the challenges confronting the AKP's stewardship of Turkish politics raises the question of whether political Islamists can remain moderate and will continue to believe that democracy is "the only game in town."[15]

Ⅳ. The Islamic State of Iraq and Syria

In contrast to Turkey's AKP, there are radical Islamic jihadists at the opposite end of ideological and practical spectrum. Instead of engaging in the political process, these groups choose terrorism and insurgency to accomplish their goals. Terrorism is the use of violence or intimidation by a non-governmental actor in the pursuit of political objectives aimed at gaining publicity in order to recruit people and/or gain attention.[16]

The modern international jihadist movement can be defined in generational terms (see Figure 2). The first generation of radical Islamism was led by groups recruited from the well-educated middle class after the 1940s. Early jihadists were defined by groups such as the Muslim Brotherhood, whose main target was the "near enemy," that is authoritarian, corrupt,

14 Ji-Hyang Jang and Peter Lee, "Middle East Q&A: Turkey's 2013 Taksim Square Protests," *Asan Issue Brief* no. 59 (June 11, 2013).

15 Adam Przeworski, *Democracy and the Market: Political and Economic Reforms in Eastern Europe and Latin America* (Cambridge: Cambridge University Press, 1991): 26.

16 Suicide terrorism, in particular, contains very distinct characteristics. Contrary to conventional wisdom, it is driven by rational and strategic calculations. Even if individual suicide attackers are irrational or fanatical, the leaders that direct them are not. Rather, for the central leadership body, suicide attacks are the very coercive instrument of choice following a strategic logic not religious fanaticism. Suicide terrorism is specifically designed to coerce modern liberal democracies to make significant territorial concessions. Martha Crenshaw, "The Causes of Terrorism," *Comparative Politics*, Vol. 13, no. 4. (July, 1981); Robert Pape, *Dying to Win: The Strategic Logic of Suicide Terrorism* (New York: Random House, 2005); Thomas Schelling, *Arms and Influence* (London: Yale University Press, 1966).

pro-Western dictators in their home countries.[17] But following the Soviet invasion and occupation of Afghanistan during the 1980s, a new generation of jihadists emerged. Unlike their predecessors, the men who went to Afghanistan to fight alongside the Mujahideen adopted a global perspective in their struggle to liberate Muslim lands. This second generation of Islamic extremists saw the "far enemy" of the United States and Western powers as responsible for propping up corrupt Arab regimes, supporting Israel, and intervening in Muslim lands. After a series of attacks on Western interests throughout the 1990s and participating in fighting in Somalia, the Balkans, and in the Caucuses, these new international jihadists achieved a major breakthrough with al-Qaeda's devastating attack against the United States on September 11, 2001.

Figure 2. Generational Progression of Islamic Terrorism

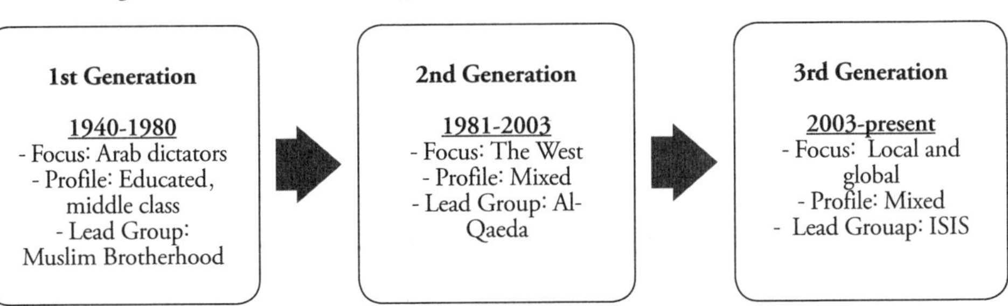

But it was the 2003 American-led invasion of Iraq that sowed the seeds for the rise of a new generation of Islamic jihadists. The disastrous dismantling of the Iraqi armed forces and the purging of former Baathists from all positions of power led to widespread chaos and instability amid a sudden

17 Fawaz A. Gerges, *Journey of the Jihadist: Inside Muslim Militancy* (Orlando: Houghton Mifflin Harcourt, 2006).

overturning of the country's sectarian order. The American occupation of Iraq also became a rallying call for radical jihadists around the world. In the following years, a complex patchwork of militias and insurgent groups battled against coalition forces, as well as each other.

One group in particular gained notoriety for its ruthlessness and organizational capabilities: the Group of Monotheism and Jihad(*Jama'at al-Tawhid wal-Jihad*), a terrorist group led by a Jordanian jihadist named Abu Musab al-Zarqawi. Under al-Zarqawi's leadership, the group attacked the Iraqi government, coalition troops and Iraq's Shia community with bombings, kidnappings, and assassinations. After pledging allegiance to Osama bin Laden in 2004, al-Zarqawi's group was recognized as al-Qaeda's official affiliate in Iraq, changing its name to al-Qaeda in Iraq(AQI). Following al-Zarqawi's death in 2006 in an airstrike and the American "surge" of troops in 2007 to prevent an all-out sectarian civil war in Iraq, AQI capabilities were significantly diminished. Nevertheless, AQI would continue its attacks throughout Iraq up until the withdrawal of coalition forces in 2011.

In 2011, a popular revolution against the Syrian regime of Bashar al-Assad gradually morphed into a civil war. By 2012, the regime had lost control of much of the countryside. Into this vacuum entered AQI as well as thousands of foreign fighters from across the Arab world and beyond to join the Syrian opposition in a constantly-changing network of over 1,000 groups.[18] At first, AQI provided logistical and financial support while fighting alongside al-Qaeda's official affiliate in Syria known as al-Nusra Front(*Jabhat an-Nusrah*). Over the next two years, however, infighting grew

18 "Syria: Countrywide Conflict Report 4," The Carter Center (September 11, 2014), 11.

between the two groups, due to the unrestrained use of violence by AQI against civilians which was considered too extreme even for the rest of al-Qaeda.

In April 2013, AQI unilaterally declared that it had merged with al-Nusra Front and would henceforth be renamed the Islamic State of Iraq and Syria (*al-Dawlah al-Islamiyah fi al-Iraq wa-al-Sham, ISIS*). This merger was rejected by both al-Nusra Front and al-Qaeda's senior leadership, and soon resulted in open conflict between AQI, now calling itself ISIS, and other Syrian rebel groups. Throughout early 2014, as different Syrian rebels pushed back against ISIS, the group began its own offensive back into northwestern Iraq, quickly capturing the northern city of Mosul and setting off the current humanitarian disaster.

The uniqueness of ISIS stems from its ability to harness tradition and modernity, terrorism with insurgency, nationalism with globalism, and religious orthodoxy with technological innovation.[19] ISIS today is a globally engaged network that harnesses globalization to its advantage. As discussed earlier, the process of globalization had historically led to a backlash by Islamists in their effort to preserve their traditions, fuelling conflict with the state. In contrast, ISIS uses features of globalization such as technology, transnational flows of goods and people, and cross-cultural communications to its advantage. In essence, ISIS defies conventional labels of what an extremist group should look like. Four key factors distinguish ISIS from other terrorist or jihadist groups, and make it a far more dangerous actor.

19 Jang Ji-Hyang and Peter Lee, "Middle East Q&A: ISIS, Kurdistan, and Korea," *Asan Issue Brief* (The Asan Institute for Policy Studies, August 18, 2014).

First, ISIS has a local focus coupled with a keen awareness of global attention. Even as it fights an insurgency in Iraq and Syria, it tailors its message and propaganda to Muslims around the world as well as the international community. While most jihadists used to send their video messages and announcements to the Arab world via satellite stations such as Al Jazeera Broadcasting, ISIS publishes articles, manifestoes, videos, and executions in multiple languages via the internet and social networking services, all in real time.

Second, ISIS enjoys greater financial independence that other jihadists. Most jihadists groups tend to rely on private sponsors for funding for weapons and salaries. Instead, ISIS has developed a thriving international enterprise based on kidnapping and ransom payments, pillaging of captured resources such as banks, and oil sales through intermediaries to the black market. It also releases financial reports to emphasize its professionalism. Such business activities require a sophisticated understanding of international trade barriers and multinational operations.

Third, ISIS has proven itself to be a quasi-state actor. A terrorist group by definition is normally non-state actor focused on the achievement of specific political objectives. For instance, al-Qaeda's stated goal was, among other things, the withdrawal of American forces from the Middle East, the destruction of Israel, the toppling of pro-Western authoritarian regimes, followed by the eventual establishment of an Islamic caliphate. ISIS opted to skip the first three objectives, which have been espoused by Islamists for decades, and declare that it had established an Islamic state in June 2014. In doing so, ISIS took up the responsibility of governing its territory. With its de-facto capital in Raqqa in central Syria, ISIS has provided public services, law and order, collected taxes, and tried to manage the day-to-day affairs of millions of Iraqis and Syrians.

Fourth, ISIS is far more ruthless and violent than its rivals. Given its birth in the sectarian conflict that engulfed Iraq in 2003, ISIS has extensive experience in insurgent tactics. Its abduction and execution of foreign nationals, including the South Korean Kim Sun-il, were particularly gruesome reminders of how barbaric it could be. But what has set the group apart in recent years has been its willingness to unleash violence against entire populations. ISIS has released numerous videos where it has carried out mass killings of hundreds of captured Iraqi security services and has massacred entire villages in both Iraq and Syria. Furthermore, it has desecrated bodies in medieval fashion to further instill fear, such as crucifying captured soldiers, and in one case, putting the decapitated heads of more than 50 Syrian soldiers along a spiked fence in the center of a Syrian town.[20]

V. Conclusion

Despite suffering setbacks in Egypt, where the Muslim Brotherhood-led Freedom and Justice Party was ousted in a 2013 military coup, political Islamists continue be at the forefront of political change across much of the Muslim world. Whether it is in pluralistic political systems such as Tunisia or closed monarchies such as Saudi Arabia, the influence of Islam and

20 "Video: ISIL beheads 50 Syrian soldiers, puts heads on poles," *Press TV* (July 27, 2014). Available at 〈http://www.presstv.com/detail/2014/07/27/373017/isil-beheads-50-puts-heads-on-poles/〉

political parties which claim to represent a religiously-oriented policy vision remains robust.

The AKP's electoral success in Turkey over the past is testament to the ability of political Islamists to broaden their appeal and soften extremist tendencies. Indeed, there is nothing incompatible between political Islam and the democratic process. The creeping signs of authoritarianism being witnessed in Turkey today are not a reflection of the so-called "Islamization" of Turkey as feared by secularists, but rather a natural outgrowth of any political party that becomes entrenched in power for too long. Thus what is essential for Turkey's continued democratization is to encourage greater competition in the political process so that the AKP remains attuned to public sentiment.

On the other hand, ISIS must be discredited to show the Muslim world that religious extremists are incapable of offering a constructive future for the people of Iraq or Syria. ISIS is the product of the failure of many actors, regional and international, to address the legitimate grievances of many ordinary Arab Sunnis. Its downfall will only come when people across the Middle East, not just in Iraq and Syria, are convinced that their religious convictions can be heard in the political system.

REFERENCES

Ayubi, Nazih N. *Over-stating the Arab State: Politics and Society in the Middle East*. I. B. Taurius Publishers: London, 2009.

Barber, Benjamin. *Jihad vs. McWorld: Terrorism's Challenge to Democracy*. New York: Ballantine Books, 1995.

Benhabib, Seyla. "Turkey's Authoritarian Turn." *New York Times* (June 3, 2013).

Carter Center. "Syria: Countrywide Conflict Report 4." (September 11, 2014).

Crenshaw, Martha. "The Causes of Terrorism." *Comparative Politics* Vol. 13, No. 4. (July, 1981).

Gerges, Fawaz A. *Journey of the Jihadist: Inside Muslim Militancy*. Orlando: Houghton Mifflin Harcourt, 2006.

Hinnebusch, Raymond. "Toward a Historical Sociology of State Formation in the Middle East?" *Middle East Critique* Vol. 19, no. 3 (2010).

Jang, Ji-Hyang. "Islamic Capital and Democratic Deeping." In *The Arab Spring: Will It Lead to Democratic Transitions?,* eds M. Henry and Jang Ji-Hyang. Seoul: The Asan Institute for Policy Studies (2012).

Jang, Ji-Hyang. "Islamic Fundamentalism." *International Encyclopedia of the Social Sciences*. ed. William A. Darity. 2nd edition. Farmington Hills: Macmillan Reference. January, 2008.

Jang, Ji-Hyang. "The Moderation of Turkey's Islamic Party." *Korean Journal of Middle East Studies* Vol. 26, no. 2 (2006).

Jang, Ji-Hyang. "Weak State, Weak Civil Society: The Politics of State-Society Relations in the Arab World." *Journal of International and Area Studies* Vol. 16, no. 1 (2009).

Jang, Ji-Hyang. and Peter Lee. "Middle East Q&A: ISIS, Kurdistan, and Korea." *Asan Issue Brief* (August 18, 2014).

Jang, Ji-Hyang. and Peter Lee. "Middle East Q&A: Turkey's 2013 Taksim Square Protests." *Asan Issue Brief* no. 59. (2013).

Onis, Ziya. "Political Islam at the Crossroads: From Hegemony to Co-existence."

Comparative Politics Vol. 7, no. 4 (2001): 287-89.

Onis, Ziya and Fuat Keyman. "Turkey at the Polls: A New Path Emerges." *Journal of Democracy* Vol. 14, no. 2 (2003): 99-101.

Ozel, Soli. "Turkey at the Polls: After the Tsunami." *Journal of Democracy* Vol. 14, no. 2 (2003): 80.

Pape, Robert. *Dying to Win: The Strategic Logic of Suicide Terrorism*. New York: Random House, 2005.

Przeworski, Adam. *Democracy and the Market: Political and Economic Reforms in Eastern Europe and Latin America*. Cambridge: Cambridge University Press, 1991.

Schelling, Thomas. *Arms and Influence*. London: Yale University Press, 1966.

"Turkey's Presidential Election: The Next Sultan?." *The Economist* (August 16, 2004).

"Video: ISIL beheads 50 Syrian soldiers, puts heads on poles." *Press TV* (July 27, 2014). Available at 〈http://www.presstv.com/detail/2014/07/27/373017/isil-beheads-50-puts-heads-on-poles/〉

White, Jenny B. *Islamist Mobilization in Turkey*. Seattle: University of Washington Press, 2002.

● 서평

Islam: Past, Present & Future

(Oxford : Oneworld Publication, 2009), 767pp.

권지윤*

글을 시작하기 앞서 독자들에게 책에 대한 이해를 돕기 위해서 이 책 『이슬람』의 저자에 대한 간략한 소개를 하고자 한다. 저자 한스 큉(Hans Küng)은 1928년 스위스 수르제에서 태어났다. 로마 교황청 그레고리오 대학교에서 철학과 신학을 공부한 뒤 1954년 가톨릭 사제로 서품을 받았다. 파리의 소르본 대학교와 가톨릭 대학교에서 학업을 계속하여 1957년 신학박사 학위를 받은 뒤, 1959년까지 스위스 루체른에서 사목 활동을 하다가 1960년 독일 튀빙겐 대학교의 가톨릭 신학 교수가 되었다. 1962년 제2차 바티칸 공의회의 신학 자문위원으로 활동하기도 했으나, 1979년 가톨릭교회의 전통 교리에 대한 비판이 파문을 일으켜 바티칸으로부터 신학 교수직을 박탈당했으며 이 일은 국제적 논쟁을 불러 일으켰다. 그러나 이후 20년 동안 튀빙겐 대학의 '에큐메니칼 신학 교수'로 재직했으며 세계종교인평화회의 의장을 역임했고, 튀빙겐에 있는 세계윤리재단을 이끌고 있다. 지난 수십 년 동안 그의 저술과 강연은 가톨릭 신학의 영역을 뛰어넘어 세계 신학계 전반에 큰 도전이었다. 우리말로 번역된 그의 저서로는 『그리스도교』, 『왜 그리스도인인가?』, 『교회란 무엇인가?』, 『신은 존재하는가?』, 『문학과 종교』, 『중국 종교와 그리스도교』, 『세속 안에서의 자유』, 『세계 윤리 구상』, 『믿나이다』, 『한스 큉, 과학을 말하다』, 『그리스도교 여성사』 등이 있다.

---

* 한국이슬람연구소 책임연구원

이 책『이슬람』에 대해서 특별히 우리가 관심을 가져야 하는 것은 한스 큉의 역작으로 손꼽히는『유대교』,『그리스도교』에 이어서 집필된 세 번째 종교에 관한 책이라는 것이다. 다시 말하면 유일신 신앙을 기본 전제로 하여 공통점을 가지고 있는 세 종교에 대해서 한스 큉은 깊은 연구를 통해『유대교』,『그리스도교』를 집필하였으며, 이제 그 책들의 연속선상에서 이 책『이슬람』을 출간하였다. 따라서 이 책은 종교의 문제를 다루는 데 있어 한스 큉의 대화론적 견해를 잘 보여 주고 있다. 이 책은 독자들로 하여금 이슬람을 신앙으로 가진 무슬림들과 적극적으로 대화하라고 요청하고 있는 듯 하다. 특별히 한스 큉은 그리스도인들이 이슬람에 대하여 객관적으로 이해하고 무슬림들을 만나기 위해 적극적으로 대화의 장으로 나아갈 것을 권하고 있다. 한스 큉은 이 책의 서문에서 이러한 목적을 분명하게 밝히고 있다. 그는 말하기를 "종교간의 평화 없이는 국가 간의 평화도 없다. 종교간의 대화 없이는 종교간의 평화도 없다. 종교에 대한 기초연구 없이는 종교간의 대화도 없다"라고 표현한다.[1] 한스 큉이 이 책을 읽는 독자들에게 저자로서 강조하고 있는 것은 타종교를 이해하기 위해, 타종교인과 대화하는 것을 두려워하지 말아야 한다는 점과, 역설적으로는 타종교인과 대화하기 위해서는 타종교에 대한 깊이 있고 객관적인 이해가 충분히 있어야 한다는 것이다. 이러한 과정을 통하여 이 세계에 함께 공존해나가야 하는 각각의 종교가 좀더 평화로운 조화를 이루며, 세계의 평화와 같은 공동의 선에 이를 수 있다는 결론을 도출할 수 있다. 이러한 이 책의 집필목적이 때로는 강하게 타종교에 대하여 선교적 열정을 가지고 접근하는 독자들에게 약간의 혼란을 야기시킬 수 있다는 점을 상기시킬 필요는 있다. 그러나 이러한 목적을 가지고 이 책을 읽는 독자들이라 할지라도, 이 책에서 얻는 수 많은 이슬람에 대한 객관적이고 사실적인 정보와 한스 큉이라는 저자가 가지고 있는 깊은 공시적이며, 통시적인 통찰력에 매료될 수 있을 것이라고 필자는 생각한다. 왜냐하면 이 책은 이슬람의 창시부터 시작해서 현대에 이르기까지 역사적 사실들

1 책의 서문 중 발췌.

을 다양한 스펙트럼을 가지고 접근하고 있으며, 저자가 가지고 있는 해박한 지식과 고유의 통찰력으로 독자들이 좀더 이슬람에 대해 깊게 이해할 수 있도록 안내해 주고 있다.

이러한 이유로 필자는 이슬람에 대한 기초적인 지식을 전혀 가지고 있지 않은 독자들이 이 책을 읽는 것보다 약간의 기초적인 지식을 가지고 있는 독자들이 읽는 것을 추천한다. 만약 이슬람에 대하여 기초적인 지식이 전혀 없는 독자들이 이슬람에 관심을 가지고 이 책을 읽기를 원한다면 오래 전에 출간된 안네마리쉼멜의 『이슬람』을 먼저 읽을 것을 권한다. 더 나아가 필자는 이 책을 읽는 독자들이 한스 큉의 대화론적 입장을 이해하기 위해 한스 큉의 대화가 가지는 독특한 접근법에 대한 이해가 우선되어야 한다고 생각한다. 한스 큉의 대화가 가진 특징은 한 마디로 말하자면, 혼합주의를 추구하지 않는 것이다. 서로의 차이를 대충 얼버무리고 뒤섞여버리는 것을 혼합주의라고 한다면, 한스 큉은 서로에 대한 성실한 접근법과 이해를 바탕으로 하여, 쌍방의 분명한 자기의식, 객관적이고 공정한 자세, 서로를 연결시키는 공통점과 서로의 분명한 차이점에 대한 대한 정확한 지식을 기초로 하여 대화하기를 권하고 있다.

이러한 대화론적 접근법을 바탕으로 한스 큉은 초기 이슬람 공동체로부터 현대에 이르기까지 이슬람의 역사적 발전과정을 6단계로 나누고 있다. 다시 말해서, 각각의 발전단계는 총 여섯 차례 패러다임의 전환을 의미한다. 즉 '초기 이슬람 공동체의 패러다임', '아랍제국의 패러다임', '고전적 이슬람 세계종교의 패러다임', '울라마, 수피의 패러다임', '근대화 패러다임', '근대 이후 동시대적 패러다임'을 말한다. 이슬람의 이러한 역사적 발전단계를 다루기 전에 역사적 패러다임에 대한 이해를 돕기 위해 한스 큉은 1부에서 이슬람이라는 종교가 창시되기 이전 고대 근동의 종교적 문화적 상황들을 설명하고, 2부에서는 이슬람의 신앙의 근간이 되는 꾸란을 비롯한 핵심가치들을 설명하고 있다. 이후 3부에서부터 역사적 과정에 따라 이슬람이라는 종교의 확산과 변화과정을 여섯 개의 패러다임의 전환이라는 거대한 렌즈를 가지고 설명하고 있다. '초기 이슬람 공동체의 패러다임'은 무함마드로부터 시작해서 메카-메니다-메카시기를 지나며 형성되었다. '아랍제국의 패러다임'은 무함마드 사후, 이슬람이 아랍지역으로 확장되는 과정 즉 메카에서 다마스커스로 확장되는 과정에서 형성된 것을 말한다. 세 번째 '고전적 이슬람 세계종교 패러다임'의 형성과정은 압바스왕조(750-1258)를 거치면서, 이슬람의 법학이 발전하는 과정과 그 의미 등을 상세하게 설명하고 있다. 네 번째 '울라마, 수피 패러다임'의 특징은 이슬람 신학이 정치 세력화되면서, 수피즘이 본격적으로 등장하고 이후 이슬람의 전파가 어떠한 경로를 통해 이루어지는지를 다루고 있는 것이다. 다섯 번째 '근대화 패러다임'은 오스만제국의 멸망으로부터 유럽식민주의를 겪는 과정을 통해서 형성 된 것이다. 마지막으로 '동시대적 패러다임'의 전환은 유럽식민지 시대 이후, 이슬람국가들이 독립하는 과정으로부터 현대에 이르기까지 겪는 혼란과 다양성을 설명하고, 무슬림들이 세속주의도, 이슬람주의도, 사회주의도 아닌, 무슬림으로서 정체성을 가지고 현대와 어떻게 맞서고 있는가 다루고 있는 것이다. 이 여섯 개의 패러다임에 대한 설명 후 이어지는 장에서는 이슬람 신학과 관련된 여러 가지 가치들에 대하여 현대적 시각에서 새로운 해석과 접근을 보여주고 있다.

이 책을 정독한다는 것은 어떤 의미에서 약 1400년간의 긴 이슬람의 역사와 이슬람의 핵심가치들을 포함한 신학을 책 한 권으로 접하게 된다는 것을 의미한다. 독자들은 역사적 발전과정에서 이슬람이라는 종교의 지속적인 신앙의 실체 즉 본질이 변화하지 않고, 어떻게 유연하게 각 시대에 맞게 종교적 정체성을 유지하거나 변화되어왔는가 하는 것에 대하여 좀더 깊은 이해를 가지게 될 것이라고 생각한다. 이러한 이해를 위해서는 한스큉의 대화론적 입장에 대한 충분한 이해가 물론 전제되어야 할 것이다. 왜냐하면, 이 책은 분명히 어떤 의미에서든지 강하게 개종자를 얻기 위한 목적을 염두해 두고 선교지향적인 입장에서 쓰여진 책이라고 보기에는 무리가 있기 때문이다.

필자는 이 책을 읽으면서, 한스 큉이 서두에 던진 다음과 같은 질문들에 대하여 독자들이 깊은 사유를 하는 유익한 시간을 가질 것을 권한다. 한스 큉은 책의 서두에서 이슬람에 대하여 여러 가지 질문들을 독자들에게 과감하게 던지고 있다 더욱이 독자들의 아래와 같은 질문들에 대한 답을 찾는 노력이 반듯이 이슬람에 대한 이상에 빠지거나, 이슬람에 대한 혐오증에 빠지지 않고 상당히 객관적인 입장에 이루어지기를 또한 바란다.

> "도대체 왜 12억(현재는 약 16억으로 추정함)이나 되는 사람들이 – 이 숫자는 점점 늘어나는 추세다 – 이 종교를 믿는가? 왜 아프리카의 애틀렌타 연안에서 인도네시아 섬들까지, 또 중앙아시아의 초원지대에서 모잠비크까지 이 지구의 중간 영역에 사는 사는 수많은 사람들이 이 종교를 믿고 있는가? 왜 이슬람교는 그리스도교 이후 최대의 세계 종교가 되었는가? 언젠가는 그리스도교를 능가할 것이라는 희망이 산발적으로나마 표출되는 것은 무엇때문인가? 왜 무슬림들은 이슬람이 가장 새롭고 가장 훌륭한 종교일뿐 아니라 가장 오래되고 가장 우주적인 종교라고 믿는가? 유목민인 베르베르족, 근동의 아랍인, 서아프리카인, 동아프리카인, 터키인, 보스니아인, 알바니아인, 페르시아인, 파키스탄인, 인도인, 중국인, 말레이시아인, 그리고 최근에는 거의 모든 나라 사람들이 그 모든 문화적 차이에도 불구하고 하나의 거대한 종교 가족으로 묶이고 있다. 이슬람이 이런 일을 다른 어떤 종교보다 잘하는 까닭은 무엇인가? 정말 중요한 질문은 이것이다. 도대체 이슬람의 힘은 어디에 있는가? 이슬람이 사람들을 매료시키는 까닭은 무엇인가? 이슬람의 근원은 무엇인가? 이슬람의 가치관, 상징은? 이슬람의 메시지, 본질, 구성요소는? 이슬람 세계의 일상은 어떻게 구성되는가? 이슬람의 정치, 문화, 예술은? 나중에는 이런 질문도 던진다. 이슬람의 약점, 이슬람이 소홀히 하고 있는 것은 무엇인가? 무슬림도 스스로 비판적인 물음을 던져야 할 만한 것은 무엇인가?"[2]

2 책의 서문 중 발췌.

Muslim-Christian Encounter 원고작성요령

1. 일반적 요령

1) 본문의 장, 절, 항의 번호는 I., 2., 3), (4)의 순서에 따라 매긴다.

2) 표와 그림은 본문 내 적당한 위치에 〈표 1〉 혹은 〈그림 1〉과 같은 형식으로 순서를 매겨 삽입한다. 표나 그림의 출처는 표나 그림의 바로 아래에 〈출처: 〉라고 쓴다.

2. 인용

1) 인용의 일반원칙

(1) 각주 사용: 미주(endnote)나 약식 괄호주(Harvard Style)를 사용하지 않고 각주(footnote)를 사용한다. 인용을 처음 할 때에는 출판사항 등을 모두 명기한다.

(2) 언어 사용: 모든 출처는 원자료에 나와 있는 언어를 그대로 사용함을 원칙으로 한다.

(3) 서적과 논문: 서양어 서적의 경우 이탤릭체를 사용하며 동양어 서적의 경우 겹낫표(『』)를 사용한다. 논문의 경우 동서양 모두 큰따옴표("")를 사용한다.

(4) 기타: 각주는 2자 내어쓰기를 사용하여 작성한다. 별도의 지침이 없는 한 시카고 스타일(Chicago Style)[1]에 따른다. 한글 인용의 경우 별도의 지침이 없는 한 영문 인용을 준용한다.

2) 예시

(1) 저서의 경우

전재옥, 『기독교와 이슬람』(서울: 이화여자대학교출판부, 2003), 125-127.

Neal Robinson, *Christ in Islam and Christianity*(London: Macmillan, 1991), 32.

(2) 번역서의 경우

라민 싸네, 『선교신학의 이해』, 전재옥 역(서울: 대한기독교서회, 1993), 343.

---

1 *The Chicago Manual of Style* (Chicago: University of Chicago Press, 1982).

(3) 학위논문의 경우

김영남, "이슬람 사회제도의 여성문제에 관한 연구: 파키스탄 이슬람 화에 나타난 성차별을 중심으로", 박사학위논문, 이화여자대학교 대학원, 2003, 15.

Jeong-Min Seo, "The Religious Establishment between the State and Radical Islamist Movements : The Case of Mubarak's Egypt," Ph.D. diss., University of Oxford, 2001, 45.

(4) 학회지, 학술지 등의 논문이나 기명 기사의 경우

최영길, "꾸란에 등장한 인물연구 : 예수를 중심으로", 『한국이슬람학회논총』, 제16권 제2호 (2006), 10-12.

안 신, "이슬람 다와와 기독교 선교에 대한 비교연구 : 폭력과 비폭력의 경계를 중심으로", 『종교연구』, 제50집(2008 봄): 234-239.

Ah Young Kim, "Quranic Perspective on the Relationship with Other Faiths," Muslim-Christian Encounter, Vol. 1, No. 1 (Feb. 2008): 58-60.

(5) 편집된 책 속의 글

김정위, "이슬람 원리주의와 지하드 운동", 이슬람연구소 엮음, 『이슬람의 이상과 현실』 (서울: 예영, 199), 49.

Lamin Sanneh, "Islam, Christianity, and Public Policy," in Lesslie Newbigin, Lamin Sanneh, & Jenny Taylor, eds., Faith and Power - Christianity and Islam in 'Secular' Britain(London: SPCK, 1998), 29-38.

(6) 바로 앞의 인용과 동일한 경우

저자, 책이름 or "소논문명," 1.

저자, 책이름, 또는 "소논문명," 23.

(7) 같은 글을 여러 번 인용한 경우

① 동일한 저자의 저술이 하나밖에 없는 경우

전재옥, 책이름, 33.

최영길, 책이름, 11.

Robinson, op. cit., 3-4.

② 동일한 저자의 저술이 여럿일 경우, 두 번째 이상의 인용은 논문이나 책의 이름을 명

기한다.

전재옥,『기독교와 이슬람』, 25-30.

최영길, "꾸란에 등장한 인물연구", 10-12.

Sanneh, "Islam, Christianity, and Public Policy," 30.

Robinson, *Christ in Islam and Christianity*, 11.

3. 참고문헌

1) 참고문헌은 논문 끝에 실으며 다음과 같은 체재로 표시한다.

(1) 책일 경우

전재옥.『기독교와 이슬람』. 서울: 이화여자대학교출판부, 2003.

Robinson, Neal. *Christ in Islam and Christianity*. London: Macmillan, 1991.

(2) 논문일 경우

안 신, "이슬람 다와와 기독교 선교에 대한 비교연구 : 폭력과 비폭력의 경계를 중심으로",『종교연구』, 제50집(2008 봄): 219-245.

Kim. Ah Young, "Quranic Perspective on the Relationship with Other Faiths," Muslim-Christian Encounter. Vol. 1, No. 1 (Feb. 2008): 53-72.

Muslim–Christian Encounter 윤리규정

제1조 (목적) 이 규정은 횃불트리니티신학대학원대학교 한국이슬람연구소가 발행하는 정기 학술지 Muslim-Christian Encounter(이하 학술지)와 관련하여 투고자, 편집위원, 심사위원의 연구윤리를 확립하는 데 목적이 있다.

제2조 (투고자의 윤리)

1. 투고자는 연구자로서 정직성을 지켜야 하며, 학술적 저작물 집필에 관한 일반적 원칙을 준수해야 한다.
2. 투고자는 일체의 표절 행위를 하지 말아야 한다.
3. 표절이란 출처를 명확히 밝히지 않고 다른 사람의 지적 재산을 임의로 사용하는 모든 행위를 일컬으며, 다음의 경우가 해당된다.
   1) 분명한 인용 표시 없이 본인이 수행한 기존 연구 내용의 전부 또는 일부를 그대로 옮기는 행위.
   2) 출처를 밝히지 않고 다른 사람의 고유한 생각, 논리, 용어, 자료, 분석방법 등을 임의로 활용하는 행위.
   3) 출처를 밝혔더라도 분명한 인용 표시 없이 다른 사람의 논의 내용을 원문 그대로 또는 요약된 형태로 활용하는 행위.
   4) 기타 표절성이 현저하다고 간주될만한 모든 행위.
4. 투고자가 편집위원회의 표절 판정을 수긍할 수 없을 경우 반박할만한 타당한 이유를 제시하여 재심의를 요청할 수 있다. 반박할만한 사유가 없거나 재심의에서 다시 표절 판정이 내려지면 연구자는 더 이상 이의를 제기해서는 안 된다.

제3조 (편집위원의 윤리)

1. 편집위원은 투고된 글의 게재 여부를 결정하는 모든 책임을 지며, 투고자의 인격과 학자로서 독립성을 존중해야 한다.
2. 편집위원은 투고된 글에 관련하여 투고자의 성별, 나이, 소속기관은 물론 개인적 이념이

나 친분 관계와 무관하게 오직 원고의 질적 수준과 투고 규정에 의거하여 공정하게 처리해야 한다.

3. 편집위원은 투고된 글에 대한 심사위원을 선정할 때 해당 분야의 전문성을 최우선으로 고려해야 하며, 투고자와 심사위원의 관계에 의해 공정성이 훼손될 가능성을 배제해야 한다.
4. 편집위원회는 표절 행위가 확인된 투고자에 대한 제재를 지체하거나 임의로 제재를 보류해서는 안 된다. 표절 행위자에 대한 제재는 다음과 같다.
   1) 5년 이하의 투고 금지.
   2) 연구소 홈페이지 및 다음 호에 표절 사실 공지.
   3) 인터넷 데이터베이스에서 해당 논문 삭제.
   4) 표절 행위자의 소속기관에 해당 사실 통보.
5. 편집위원은 논문 심사에 관하여 일체의 비밀을 지켜야 하며, 표절 심의에 관하여 공표 대상이 아닌 내용에 대한 비밀을 지켜야 한다.

제4조 (심사위원의 윤리)

1. 심사위원은 의뢰받은 원고에 대한 심사를 수행함에 정직하고 성실해야 하며, 개인적 이념이나 친분 관계를 떠나 객관적 기준을 따라야 한다.
2. 심사위원은 자신이 심사 대상 원고를 평가하는 데 적임자가 아니라고 생각될 경우 편집위원회에 이를 통보해야 한다.
3. 심사위원은 전문 연구자로서 투고자의 인격과 학자로서 독립성을 존중해야 한다.
4. 심사위원은 심사의 제반 사항에 관한 비밀을 지켜야 한다.

제5조 (부칙)

1. 이 규정은 2009년 1월 1일부터 시행한다.

Muslim-Christian Encounter 투고안내문

한국이슬람연구소는 1992년 창립 이후, [무슬림은 예수를 누구라 하는가?], [이슬람의 이상과 실제], [아시아 무슬림공동체], [무슬림 여성], 등을 연구지로 발간하였고 2007년 횃불트리니티신학대학원대학교의 부속기관으로 자리를 옮긴 이후 *Muslim-Christian Encounter*라는 이름으로 연구저널을 재창간하여 연 두 차례 발행을 하고 있습니다. 1호의 주제는 "Peace, Justice and Muslim-Christian Relations"이며, 2호의 주제는 "Muslim Identities in Comtemporary World", 3호의 주제는 "Islamic Da'wah and Christian Mission", 4호의 주제는 "Folk Islam" , 5호의 주제는 "현대 이슬람의 다양한 이슈들", 6호의 주제는 "Muslim Women", 7호는 "Tribute to Dr. Kenneth Cragg", 8호는 "한국 교회와 이슬람", 9호는 "세계 각국의 기독교와 이슬람의 관계"였습니다. 보다 폭넓고 깊이 있는 연구를 위해 한국이슬람연구소는 지속적인 노력을 하고 있습니다.

이러한 지속적인 연구에 관한 사랑과 노력으로 한국이슬람연구소의 저널 *Muslim-Christian Encounter*는 한국 유일의 기독교 이슬람의 관계에 관한 건전하고 깊이 있는 연구를 지향하는 연구지로서 성장하고 있습니다. 뿐만 아니라 Dudley Woodberry, Peter Riddell, Colin Chapman과 같은 해외 유명한 이슬람 학자들과 국내의 이슬람 전문가들의 깊이있고 학문적 완성도가 높은 논문이 다수 게재되고 있습니다.

한국이슬람연구소에서는 *Muslim-Christian Encounter*에 게재를 원하는 투고자의 원고를 모집합니다. 분야는 이슬람 신학, 정치, 역사, 경제 및 기독교 이슬람 관계에 관한 다양한 이슈들, 기독교 선교를 위한 무슬림 전도방법론 등으로 이슬람에 관한 전반적인 이슈들과 기독교 이슬람관계에 관한 전문적인 내용들을 말합니다.

한국이슬람연구소는 투고된 논문에 대하여 국내외 전문가들을 모시고 공정한 심사를 거처 논문을 게재하며, 투고된 논문 중 게재가로 결정된 논문에 한해서 소정의 원고료를 지불합니다. 논문의 투고 시기는 상시 진행됩니다.

▶자세한 안내를 원하시면 횃불트리니티 한국이슬람연구소로 문의하시기 바랍니다.

Tel: 02-570-7563

E-Mail: ttcis@ttgu.ac.kr

▶ 바로잡습니다.

Muslim-Christain Encounter Vol. 7, no 1. (June, 2014)의 저자 중 Priscilla Taesoon Choi의 저자명이 아래와 같이 잘못 표기되어 이를 정정합니다.

· Prischilla Taesoonchoi → Priscilla Taesoon Choi
(잘못된 예) (바로잡은 예)

횃불트리니티 한국이슬람연구소